Rafael Fente Gómez
De la Universidad
de Granada

Jesús Fernández Alvarez
De la Universidad
de Madrid

Lope G. Feijóo
De la Universidad
de Madrid

PERÍFRASIS VERBALES

EDI - 6, S. A.
General Oráa, 32
28006 MADRID

© Fente - Fernández - L. Feijóo
EDI-6, S. A.
Madrid, 1987

Impreso en España - Printed in Spain

ISBN 84-85786-66-1

Depósito legal: M. 31113-1987

Selecciones Gráficas. Carretera de Irún, km. 11,500. Madrid (1987)

PROLOGO

Iniciamos con el presente volumen una nueva colección de estudios monográficos titulada **Problemas básicos del español.** Pretendemos cubrir así lagunas existentes o profundizar en el estudio teórico-práctico de lo que se consideran temas fundamentales en el aprendizaje de nuestra lengua, y que ofrecen especial y persistente dificultad al alumno extranjero. Nuestra intención es tratar los diferentes problemas objeto de estudio, en una doble vertiente: teórico-práctica, y confiamos en que este doble tratamiento se lleve a cabo de una manera cuasi exhaustiva, es decir, desde el nivel más elemental hasta el grado más avanzado de dificultad. Acompaña a cada volumen una bibliografía selecta sobre el tema concreto que se trate.

La temática concreta de este primer volumen es: **las frases o perífrasis verbales.** Las razones que nos impulsaron a elegir este tema y no otro de los tratados en la colección, verbigracia: **subjuntivo, ser** y **estar,** etc., son las siguientes:

a) Que ese problema está solamente apuntado en nuestros libros de ejercicios prácticos, **Curso intensivo de español,** y poco tratado en las gramáticas al·uso, cuando consideramos que su importancia es capital para todo extranjero que intente hablar nuestra lengua a un nivel de cultura aceptable, y no digamos para aquellos que pretenden llegar *a ser especialistas en Español: (profesores, traducto-res, etc.).*

b) Por ser un problema especialmente peculiar al espa-ñol, pues aunque no se nos escapa que existen perífrasis en menor o mayor grado en todas las lenguas, creemos que en ningún caso alcanzan la riqueza, variedad de matices y po-sibilidades estilísticas que en castellano. A esto se debe que en la mayoría de las traducciones con que nos hemos en-frentado a lo largo de nuestra vida profesional y en nuestro contacto directo con alumnos extranjeros, hayamos notado que estas estructuras y giros verbales sean sistemática-mente eludidas, bien sea por desconocimiento o por la co-modidad que supone el uso de otras estructuras más o me-nos sinónimas, existentes también en castellano, que muestran un paralelismo en la mayoría de las lenguas in-doeuropeas.

Citemos a título de ejemplo que las elementales y muy co-nocidas **volver a** *+ infinitivo y* **acabar de** *+ infinitivo, suelen ser olvidadas en favor de las expresiones adverbiales,* **otra vez, de nuevo, hace un momento,** *etc.*

No se nos escapa que esta falta de tratamiento que apuntábamos responde a la indudable complejidad del tema. Nuestro intento tiene, pues, un doble valor: el de tra-tar de sistematizar a efectos didácticos (y a todos los niveles de la lengua) los usos, matices y posibles contrastes de las construcciones perifrásticas, y también, el de ofrecer al es-tudioso un amplio muestrario de ejercicios que cubren, a nuestro juicio, todas las dificultades de este campo lingüístico. Tiene también, cómo no, defectos procedentes de la mencionada complejidad del tema.

Si partimos de la afirmación, comúnmente aceptada, de que sólo deben considerarse como perifrásticas aquellas construcciones en las que el verbo auxiliar pierde su se-mantismo original, en mayor o menor grado, se observará

que en el presente volumen se incluyen algunas frases verbales, a las que muchos autores conceden sólo el valor de
semiperífrasis, o incluso se lo niegan totalmente (es el caso
de ciertas construcciones con **seguir, quedar,** etc.). Pero·
nosotros las hemos incluido porque, incluso los ejemplos
que acabamos de citar, presentan algún uso claramente perifrástico, o al menos, que puede presentar dificultades de
interpretación en otras lenguas.

También hemos creído conveniente incluir algunos casos
que constituyen claramente modismos, pues la combinación queda restringida a un solo verbo, pero que se trata de
giros muy comunes en la lengua.

En la primera parte del libro, donde se lleva a cabo un estudio teórico del problema, tratamos las perífrasis una a
una, agrupadas en tres apartados: perífrasis con infinitivo,
gerundio y participio, y después dedicamos un capítulo a
contrastar aquellas perífrasis que presentan interferencias
en sus respectivos campos semánticos, tratando de aclarar
las diferencias de matiz o de uso, a veces mínimas, existentes entre ellas.

Al final de esa introducción teórica (cuando estimamos
que el estudiante se ha familiarizado lo suficiente con el
concepto y la terminología referentes a las funciones pro-
pias de las frases verbales dentro del sistema) hacemos un
intento de clasificación de todo el material manejado, agru-
pando las diferentes perífrasis según su "aspecto" dominante. Naturalmente, esta división es tentativa; se observará que algunas construcciones aparecen en más de un
apartado, y la inclusión de algunas otras en uno u otro
grupo, puede prestarse a discusión. El cuadro de esta clasificación aparece en la página 61.

La segunda parte está dedicada a los ejercicios. Estos,
que ascienden a un número de 47, han sido confeccionados
siguiendo cuatro tipos básicos:

Tipo 1) Consiste en, dados los dos infinitivos entre paréntesis, ponerlos en las formas que exija el contexto, incluyendo la partícula de enlace cuando sea necesaria.

Tipo 2) El segundo tipo consiste en pedir el verbo auxiliar que necesite el contexto de la frase en el tiempo adecuado, y la partícula de enlace, en los casos en que sea necesaria. Estos ejercicios van referidos a los ocho apartados aspectuales de las páginas 61 y 62.

Tipo 3) Se da el verbo auxiliar y un modificante adverbial y se pide que se complete el sentido de la oración utilizando un infinitivo, gerundio o participio, según los casos y las palabras que se consideren oportunas para redondear el sentido. La referencia es también a los apartados de las páginas 61 y 62.

Tipo 4) Ejercicios de sustitución. Se dan otras estructuras que son naturalmente aproximadas a las perífrasis que se piden, puesto que por el propio mecanismo de la lengua, raramente dos o más estructuras son semánticamente iguales, pero dentro de estas enormes limitaciones, hemos procurado que dichas sustituciones sean lo más naturales posible. En estos ejercicios se sigue el orden de aparición de las distintas perífrasis en la parte teórica y el sistema de referencias adoptado con número de página y de apartado (&), facilita la concentración del estudiante en cada ejercicio. Estos ejercicios de sustitución, suponen, sin duda ninguna, la parte más novedosa y constituyen una revisión general a todos los anteriores, de ahí que el sistema de referencias cambie con respecto a los demás.

Como puede observarse después de cada epígrafe, y para facilitar la labor del alumno, hemos incluido una lista de los verbos "auxiliares" que deben utilizarse en los ejercicios tipos 2 y 4. Es importante señalar que en los ejercicios del *tipo 3, los verbos que ofrecemos no tratan más que de simplificar, como decíamos, la tarea del alumno, puesto que en la mayor parte de los casos existe un gran número de verbos que podrían ser utilizados en lugar de los propuestos por nosotros.*

Al final, págs. 129 y 137, se dan las soluciones, algunas tentativas, a cada uno de los ejercicios, aunque recomendamos que éstas sólo se vean en última instancia, después de haber agotado todas las posibilidades de encontrar la solución adecuada que el sistema de referencias permite.

En resumen, creemos que esta monografía, a la cual seguirán otras, va dirigida no sólo a estudiantes de nivel medio y avanzado, sino también a simplificar la labor del profesor que, en muchos casos, no dispone del material adecuado para enseñar y hacer prácticas sobre estos arduos problemas de nuestra lengua.

Los autores,
Abril, 1972

INTRODUCCION

Las perífrasis o frases verbales en español son variadísimas y básicamente consisten en la unión de un verbo auxiliar y el infinitivo, gerundio, o participio de otro verbo (Gili Gaya, S: pág. 105; Roca Pons, J: pág. 10). Naturalmente y partiendo de esta amplia definición, hay que considerar como perifrásticos todos los tiempos compuestos, la voz pasiva y la forma progresiva. Los tres verbos auxiliares que dan lugar a estas construcciones en nuestra lengua son HABER, SER y ESTAR, considerados desde antiguo la espina dorsal de nuestro sistema auxiliar verbal y que en esta función están enteramente gramaticalizados. Su estudio como tales auxiliares, ofrece un interés muy limitado para el estudiante extranjero, porque prácticamente, sus funciones se hallan reflejadas íntegramente por verbos de naturaleza similar en la mayoría de las lenguas. Ahora bien, existe en español una larga serie de verbos que se pueden utilizar como auxiliares y que han sufrido paulatinamente procesos de gramaticalización más o menos profundos. Esta pérdida parcial del semantismo original es manifiesta en el núcleo principal de verbos de movimiento (**ir, venir, andar, traer, salir, llevar, seguir, pasar, volver, llegar**) que forman la mayoría de las construcciones objeto de nuestro estudio, más algunos otros de naturaleza diversa (**tener, dejar, quedar,**

11

acabar, dar, romper, poner, echar, etc.). Las posibilidades de combinación de todos estos verbos con el infinitivo, gerundio o participio pasado de otro verbo, dotan a nuestro idioma de una superabundancia de formas para expresar los más diversos matices aspectuales de la acción verbal.

Como se observará a lo largo de este estudio, los aspectos incoativo, terminativo, durativo, acumulativo, iterativo o frecuentativo, etc., se pueden expresar en español por una sorprendente variedad de combinaciones, aportando cada una de ellas un nuevo valor expresivo que dice mucho en favor de la "secular" fecundidad del procedimiento que desde el amanecer de nuestra lengua ha venido creando sin cesar nuevos giros". (Amado Alonso, pág. 231).

Quede bien claro, pues, que nosotros estudiamos sólo aquellas construcciones verbales en las que el primer verbo pierde, en mayor o menor grado, su significado original, y al combinarse con el infinitivo, gerundio o participio del verbo que conlleva la acción principal, le confiere a éste unas diferencias aspectuales que, en otras lenguas, y en el mismo español, "tendrían" que ser expresadas con determinantes adverbiales **(de nuevo, insistentemente, desde hace tiempo, hace un momento,** etcétera) y decimos "tendrían" porque algunas de estas construcciones carecen no ya de expresión equivalente, sino de traducción que sea mínimamente satisfactoria en otros idiomas; aunque a veces, por la necesidad de completar el cuadro de usos y funciones de una determinada combinación, hagamos referencia a otras que no son propiamente perifrásticas, pero que estimamos interesantes para estudiantes extranjeros.

La dificultad del tema es palpable si juzgamos por el escaso número de trabajos monográficos publicados hasta la fecha, aunque son numerosísimas las alusiones de tipo general que se hacen en casi todas las gramáticas escritas dentro y fuera de nuestra patria. En la bibliografía del final, que de ningún modo pretende ser exhaustiva, incluimos sólo los más importantes de dichos trabajos.

Una vez aclarado el concepto de "perífrasis", como punto de partida para nuestro trabajo, pasamos a su estudio concreto en la primera parte de la obra.

I-A

CONSTRUCCIONES PERIFRASTICAS
CON INFINITIVO

> & 1) **IR A** + Infinitivo.

Es ésta, sin duda, una de las construcciones perifrásticas más utilizadas en español y la mayor parte de los idiomas europeos occidentales poseen giros sintácticos paralelos, por lo que no merece la pena detenerse mucho en la explicación de su significado.

Es la construcción más usada en nuestro idioma para expresar la idea de futuro inmediato en cualquiera de los tiempos en que se use. Se trata de la más pura perífrasis incoativa que poseemos en español. Los ejemplos son numerosos a todos los niveles de la lengua:

—**Ibamos a comprar** el coche, pero cambiamos de idea.
—**Voy a ver** lo que pasa por ahí.
—Seguramente, **iría a hablarte** de su antigua novia.
—**Va a explicármelo** brevemente.

Nota: Es muy importante hacer hincapié en que esta perífrasis no puede utilizarse en los tiempos compuestos sin perder su carácter perifrástico. En la frase "Ha ido a visitarte", es evidente que el verbo **ir** mantiene su significado original y no se gramaticaliza en absoluto.

Casos especiales:

En frases interrogativas y exclamativas puede tener valores especiales que señalamos a continuación:

—¿Por qué **iba yo a saberlo?** (¿Por qué se supone que yo debía saberlo?; ¿Por qué tenía yo la obligación de saberlo?)

—¡Cómo **voy a venderte** algo que no es mío! (¿Cómo esperas que..?; ¿Cómo me crees capaz de..?; ¿Cómo podría yo venderte..?)

—¡Qué **iba a decir** yo eso! (Yo no pude haber dicho eso; es imposible.)

—¡Qué (cómo) **va a saber** inglés ése! (Estoy completamente seguro que no sabe inglés.)

—Figúrate que puso en duda mis palabras, ¡como si yo **fuese a mentirle!** (Como si yo tratara de mentirle.)

Otro caso muy importante lo constituye el uso de esta construcción con valor imperativo en la primera persona del plural, uso que ha desplazado casi por completo a la forma del imperativo tradicional.

Ejemplos:
— Venga, **¡vamos a trabajar!**
—**¡Vamos a ver** lo que pasa!
—**¡Vamos a tomar** una copa!

Modismos.—**¡Dónde va a parar!** (la diferencia es enorme).

—¿Tú no crees que las playas del norte son mucho mejores que las del sur? —Sí, hombre, **¡dónde va a parar!** (no hay punto de comparación).

—**¡Vete tú a saber!** (¡vaya usted..!; ¡cualquiera sabe!; no hay quien lo sepa; es imposible saberlo).

§ 2) **VOLVER A** + infinitivo.

De todas las construcciones perifrásticas con infinitivo, creemos que ésta es la segunda en orden de frecuencia y es uno de los giros más característicos de nuestra lengua, puesto que a pesar de que existen otras formas de expresar la idea de reiteración, el español sigue prefiriendo esta construcción. Las expresiones adverbiales equivalentes, de las que con frecuencia abusan los estudiantes extranjeros, son **otra vez** o **de nuevo**. Su uso se extiende a todos los tiempos, simples y compuestos, aunque con preferencia en los simples, y a todos los modos.

Ejemplos:

—¡**Ya vuelvo a estar** acatarrado!
—El niño de los vecinos **ha vuelto a escaparse.**
—No **volvió a venir** por aquí desde que se casó.
—Te prometo que no **volveré a hacerlo.**
—No me extrañaría que **volviese a engordar.**
—Yo que tú, no **volvería a intentarlo.**
—No pensamos **volver a verle** más en toda la vida.

§ 3) **PONERSE A** + infinitivo.

Es una de las perífrasis de tipo "incoativo" que puede sustituir a los verbos **empezar** o **comenzar** a + infinitivo, y su uso es, por lo menos, tan frecuente como el de los verbos mencionados.

Ejemplos:

—¡**Ponte a trabajar** en seguida!

17

—Cuando **se pone a decir** tonterías no hay quien le aguante.
—**Se puso a gritar** como si le estuvieran matando.
—**Nos pondremos a estudiar** en cuanto lleguemos a casa.
—¿Ya te **has puesto** otra vez **a lavar** la ropa?

Nota: Obsérvese que la tendencia más generalizada es usar esta construcción con sujetos personales o personalizados, aunque no es infrecuente oír frases como ''Se puso a llover''.

  & 4) **LLEGAR A** + infinitivo.

Los usos de esta perífrasis pueden resumirse en tres:

a) En forma negativa, significa que la acción expresada por el infinitivo no se realiza por completo, de una manera perfecta.

Ejemplos:
—No **llego a comprender** el alcance de su pregunta (no comprendo por completo, no consigo comprender...).
—Estoy seguro de que nunca **llegará a hablar** bien **francés** (no conseguirá hablar francés bien del todo).
—Se nos rompió la dirección del coche, pero no **llegamos a chocar** con el coche que venía en dirección contraria (aunque estuvimos a punto de chocar).

b) Puede tener el matiz de **incluso** o de **ir hasta el extremo de.**

Ejemplos:
—Estaba tan furioso que **llegó a pegarle** (que incluso le pegó; que llegó al extremo de pegarle).
—Gayarre fue tan famoso en su época que **llegó a cantar** en la Opera de Milán (...que incluso cantó...).

18

—Es tan aficionado a la lectura que **llega a pasarse** muchas noches en vela (...que incluso se pasa...).

c) Puede tener también el significado de **por fin, al fin, finalmente,** etc., teniendo en cuenta los diversos matices que estas expresiones adverbiales pueden poseer en español.

Ejemplos:

—Aunque al principio lo aborrecía, **llegó a gustarle** el whisky (finalmente, al cabo del tiempo, le gustó el whisky).

—Después de mucho discutir, **llegó a vendérmelo** por el precio que yo le ofrecía (por fin, al final me lo vendió...).

—Si te sigues comportando así, **llegaremos a romper** las amistades.

d) **Usos especiales.**—En frases de tipo condicional con la partícula **si** tiene alto grado de frecuencia en el lenguaje hablado.

Ejemplos:

—Si **llego a saberlo** antes, no voy [que equivale a la construcción condicional con pasado compuesto de subjuntivo: si lo hubiera sabido antes, no habría (hubiera) ido].

—Si no **llegas a venir,** te hubieses quedado sin nada (o te quedas sin nada); (si no hubieras venido...).

—Este año han sido muy duros en los exámenes. ¡Puff, si no **llego a estudiar!** (si no hubiera estudiado...).

Nota: Obsérvese que en todos estos casos el verbo **llegar** sólo se usa en el presente de indicativo, mientras que en la segunda parte de la frase puede emplearse también el presente de indicativo, que es lo más normal en el lenguaje hablado, o el condicional o pluscuamperfecto de subjuntivo.

&- 5) **ECHAR(SE) A** + infinitivo.

Perífrasis incoativa que pertenece al campo semántico del verbo **empezar (comenzar).** Los infinitivos con los que puede usarse esta construcción son los siguientes:

> **echar a** + **andar, correr, volar, nadar.**
> **echarse a** + **llorar, reír, temblar.**

Nota: También con **andar, correr** y **volar,** aunque no lo consideramos tan frecuente, puede aparecer la forma pronominal **echarse.**

Obsérvese también que no incluimos en la lista el verbo **dormir (echarse a dormir),** porque consideramos que en este caso no constituye una verdadera perífrasis.

Modismos.— **Echarse a pedir** limosna.

> **Echarse a perder** (estropearse): Vamos a comernos esto, porque si no, se va a **echar a perder.**
> Este muchacho va por mal camino; **se está echando a perder** (degenerando moralmente).

Ejemplos:

> —Cuando oyó la noticia **se echó a llorar.**
> —No **te eches a reír** cada vez que te cuentan un chiste tonto.
> —Hay que tener cuidado con este pájaro, porque en cuanto se abre la jaula para cambiarle el agua, **echa a volar.**

&- 6) **VENIR A** + infinitivo.

El matiz más importante de esta perífrasis es el aproximativo. Puede sustituirse por el verbo simple acompañado de **más o menos, aproximadamente,** etc.

Ejemplos:

—Entre unas cosas y otras, Antonio **viene a ganar** 30.000 pesetas al mes (gana aproximadamente...).
—Este autor **viene a decir** lo mismo que aquél, pero con distintas palabras.
—Cuando se entrenaba para disputar el título mundial de los pesos pluma, **venía a correr** 20 km. diarios.

Nota: Obsérvese que esta construcción pierde su carácter perifrástico cuando se utiliza en los tiempos compuestos.

Es de interés, también, señalar que con los verbos **llenar, cumplir, satisfacer, cubrir, resolver, solucionar** y sinónimos, esta perífrasis adquiere el valor de **servir para.**

Ejemplos:

—La ley que actualmente se está discutiendo en las Cortes, **vendrá a solucionar** el problema de la vivienda (solucionará; servirá para solucionar...).
—Ese cargo que le han concedido en el Ministerio de Trabajo **viene a llenar** todas sus aspiraciones políticas.
—El dinero que heredó **vino a resolver** sus problemas económicos.

Aunque también este matiz perfectivo es de uso frecuente con otros infinitivos, donde la frontera entre perífrasis y simple construcción verbal está bastante desdibujada.

Ejemplos:

—Esta noticia **viene a cambiar** todos mis planes.
—Los turistas **vinieron a turbar** la paz y la tranquilidad de este encantador pueblecito.

21

&· 7) **PASAR A** + infinitivo.

Se trata, a nuestro entender, de una sémi-perífrasis incoativa, puesto que el verbo **pasar** en ningún caso pierde su sentido original de transición de un estado a otro. Su uso es bastante literario y, en general, sólo se utiliza dentro del campo académico, de la interpretación artística o medios informativos. Los infinitivos más utilizados con esta construcción son: **estudiar, analizar, leer, decir, contar, relatar, interpretar** y sinónimos.

Ejemplos:
—Después de esta pequeña introducción, **pasemos a analizar** con detalle la obra en cuestión.
—A continuación **pasamos a ofrecerles** la retransmisión del partido de fútbol entre las selecciones de España y Portugal.
—**Pasaré** ahora **a comunicarles** el resultado de mis investigaciones.

&· 8) **ROMPER A** + infinitivo.

Los únicos infinitivos con los que normalmente hoy, se utiliza esta perífrasis en español son **llorar** y **reír,** aunque también puede encontrarse, como uso muy literario, con otros infinitivos **(cantar),** con el significado de lã iniciación brusca de estas acciones, y con un sentido especial en el caso de los verbos **hablar** y **andar,** cuando estas acciones las realiza por primera vez un niño o persona que tiene una determinada inhabilidad física. No es tampoco infrecuente su uso con el verbo **llover** para indicar acción rápida y no esperada.

22

Ejemplos:
— La chica **rompió a llorar** sin saber por qué (empezó a llorar...).
— Este niño parece que va a **romper a andar** de un momento a otro.

Nota: No suele utilizarse en los tiempos compuestos, y entre los simples existe una ligera tendencia a ser empleado en el indefinido o en el presente.

&- 9) **METERSE A** + infinitivo.

Perífrasis incoativa. El matiz fundamental es el de emprender algo que uno no está capacitado para hacer o no está seguro de poder llevar a buen término. Referida a alguien que no sea el sujeto de la acción, generalmente implica las notas de reproche, sarcasmo o disconformidad.

— **Se metió a arreglar** un enchufe y fundió los plomos.
— **Se metió a hablar** de arte sin tener idea.
— **Yo no me meto a conducir** por el centro de la ciudad hasta que tenga más experiencia.
— **No te metas a aconsejar** a los que saben más que tú.

Nota: En imperativo sólo suele usarse en forma negativa y entonces tiene un sentido disuasorio.

&- 10) **HARTARSE DE(a), HINCHARSE A(de), INFLARSE A(de)** + infinitivo.

Estas construcciones son de uso muy frecuente en el español coloquial de hoy día y no aparecen registradas en las gramáticas, tal vez por sus connotaciones de carácter vulgar (en el caso de las dos últimas) o por no tener cabida en ninguno de los apartados aspectuales, en los que vienen agrupándose las perífrasis. Nosotros las llamamos "hiperbólicas" o "exagerativas" para dar una idea clara de su significado.

Ejemplos:

—Estos días se **han hinchado a salir** por las noches.
—Estoy rendido; esta tarde **me inflé a escribir** a máquina.
—Gano una miseria a pesar de que **me hincho a trabajar** (trabajo muchísimo).
—Durante las fiestas de su pueblo **se ha hinchado a bailar.**
—**Se infló a decir** barbaridades durante todo el partido.
—En la boda de mi primo **me inflé a comer** y a beber de todo.
—El otro día **nos hartamos de hablar** de la boda de Olga.
—Con ese nuevo disco, ese cantante **se ha hartado de ganar** dinero.

Nota: La construcción **hartarse de** + infinitivo puede mantener, naturalmente, su significado de **estar harto de, no aguantar más.** Obsérvese también que cuando se usa con matiz exagerativo, el verbo hartarse muestra una cierta tendencia a utilizar la preposición **a.**

&- 11) **LIARSE A** + infinitivo.

Es una perífrasis incoativa de tipo coloquial y de uso frecuentísimo en español con el sentido de **empezar** una acción y comprometerse en ella con un posible matiz de aturdimiento o embarullamiento.

Ejemplos:

—Cuando **se lía a hablar** no hay quien lo pare.
—Ayer **me lié a trabajar** y no salí en todo el día de casa.

—Me da miedo que salga a ver escaparates porque **se lía a comprar** y me deja sin un céntimo.

Nota: Admite sustantivos sin infinitivo: **Se liaron a bofetadas.**

& 12) **ACABAR DE** + infinitivo.

Esta es una de las construcciones verbales más distintivas y características del español, de altísima frecuencia de aparición en todo tipo de contextos. Significa que la acción presentada por el infinitivo ha tenido lugar inmediatamente antes del momento en que se sitúa la acción. Se puede sustituir por expresiones adverbiales de tiempo como **hace un momento, unos instantes, unos días,** etc.

Ejemplos:

—**Acabo de recibir** una carta urgente en la que se me comunica mi traslado a nuestra sucursal de Barcelona. (Hace un minuto he recibido...).

—**Acabábamos de comer** cuando nos llamasteis por teléfono.

—Está un poco emocionado todavía porque **acaba de enterarse** de que su mujer ha tenido un niño.

En forma negativa, se usa muchísimas veces con el valor de una negación atenuada y un sentimiento de **ansiedad** y **contrariedad** ante la no realización de la acción expresada por el infinitivo.

Ejemplos:

—Esas ideas tuyas **no acaban de convencerme** (no me convencen por completo; tengo algunas objeciones a ciertas cosas), (negación atenuada).

—A pesar de todo lo que dices, este vino **no acaba de gus-**

tarme (yo no tengo absoluta seguridad de que mi opinión sea la buena).

—**No acabo de recibir** el dinero que debían enviarme (no llega el dinero que estoy esperando con impaciencia).

—**Ese tío no acaba de escribirme** (no me escribe la carta que estoy esperando).

—Los médicos **no acaban de diagnosticar** la enfermedad y la madre está preocupadísima.

Nota: Esta perífrasis sólo puede usarse con estos valores en los tiempos presente e imperfecto de indicativo, excepto en los casos que se trata simplemente de una negación atenuada.

$\mathcal{E}$ 13) **TENER QUE** + infinitivo.

Es la frase verbal obligativa de mayor frecuencia de uso y es correspondida por construcciones paralelas en la mayoría de las lenguas occidentales. Sus significados más importantes son los de obligación y necesidad.

Ejemplos:

—¿No tenías **tú que ver** al editor esta mañana?

—No **he tenido** más remedio **que decirle** la verdad.

—**Tienes que comer** más, porque te estás quedando en los huesos.

—¿Por qué **tengo que hacerlo** siempre yo?

$\mathcal{E}$ 14) **HABER DE** + infinitivo.

Tiene el mismo significado que la anterior perífrasis, pero su uso ha quedado restringido al estilo culto y literario. Sin embargo, se sigue utilizando con relativa frecuencia en determinado tipo de expresiones como las siguientes:

—De seguir las cosas así, **ha de llegar** un día en que hayamos de abandonar las grandes ciudades.
—**Has de saber** que estas cosas te las digo por tu bien.
—Esto **ha de pensarse** mucho antes de tomar una determinación.

Con el adverbio **siempre,** esta perífrasis puede expresar una censura ante un comportamiento característico de la persona a la que nos referimos o ante una situación determinada.

Ejemplos:

—¿Pero es que siempre **has de estar** dando la lata?
—¡Siempre **ha de ser** ella la que meta la pata!
—¡Siempre **han de seguir** las cosas así! ¿Cuándo van a cambiar?
—¡Pero hombre, siempre **has de ser** el mismo!

&· 15) **HABER QUE** + infinitivo.

Perífrasis obligativa que sólo se usa en las construcciones impersonales (tercera persona), en las que sustituye a las dos anteriores. Recomendamos su uso en castellano en lugar de expresiones tales como **es necesario que, hace falta** + infinitivo, etc.

Ejemplos:

—Para triunfar en la vida, **hay que esforzarse.**
—**Habrá que ver** cómo se las arregla en Londres él solito.
—Tuvo un accidente y **hubo que trasladarlo** al hospital rápidamente.
—**Había que saber** si todo lo que cuenta es cierto.
—Esto **hay que terminarlo** cuanto antes.

| § 16) **DEBER de** + infinitivo, y **DEBER** + infinitivo. |

La primera construcción, que es la propiamente perifrástica, se utiliza para expresar la conjetura en castellano. Sin embargo, hoy día, tal vez por contagio con la segunda, y a pesar de que aún no sea considerada muy ortodoxa, existe una clara tendencia a suprimir la preposición **de,** sobre todo en el lenguaje hablado.

En cuanto a **DEBER** + infinitivo, que no puede ser considerada una construcción realmente perifrástica, puesto que aquí, **deber** mantiene su semantismo original, es igual que en otras lenguas, una construcción puramente obligativa.

Ejemplos:
—**Debes estudiar** más si quieres aprobar en junio.
—**Debe de estudiar mucho** porque siempre saca muy buenas notas.

Nota: Dado el carácter elemental de estas estructuras, no hemos creído necesario incluirlas en los ejercicios que acompañan a este volumen. Tan solo mencionamos algunos ejemplos de valor conjetural, incluido en el apartado 6 de la pág. 62.

| § 17) **DARLE (A UNO) POR** + infinitivo. |

Perífrasis muy frecuente en el español de hoy día. Expresa en todos los tiempos la acción del infinitivo como exagerada, desmedida o injustificada (inesperada).

Ejemplos:
—Ahora **le ha dado por jugar** al tenis todas las tardes (le ha entrado la afición, o incluso la manía, de jugar; sólo piensa en jugar...).
—Cuando tenía dieciocho años, **me dio por dejarme bigote** (se me ocurrió...; sin ninguna razón especial, de pronto, etc.).

28

—A pesar de lo callado que es, a veces **le da por hablar** y no hay quien lo pare.

—Quizá **le haya dado por leer** libros de filosofía oriental.

Nota: Con el mismo significado, se puede construir también con algunos sustantivos, sobre todo con los que indican actividades o profesiones:

—**Le ha dado por la música** (se ha aficionado mucho...).

—**Ahora nos ha dado** a los españoles **por el whisky** (puede significar una afición obsesiva, maniática, por...).

El verbo **dar** puede también construirse con la preposición **en** + infinitivo, sin apoyo pronominal con el mismo significado anteriormente expuesto. Creemos que esta construcción es más literaria que la anterior.

Ejemplos:

—En los últimos años de su vida, **dio en pensar que** todo el mundo le estafaba.

—Ahora **ha dado en decir** que su enfermedad no tiene cura.

& 18) **DEJAR DE** + infinitivo.

En su acepción más normal equivale a **cesar** o **parar de,** por lo cual esta construcción verbal no constituye una verdadera perífrasis.

Ejemplos:

—**¡Deje usted de fumar,** hombre!

—**He dejado de ver** la televisión porque me parece una pérdida de tiempo.

—Me figuro que ya **habrán dejado de trabajar.**

Tiene, no obstante, valor perifrástico en los siguientes ejemplos, donde se observa que la acción habitual expresada por el verbo no se realiza en una ocasión determinada:

—¿Cómo es que **hoy has dejado de ir** a la tertulia? (¿Por qué razón, precisamente hoy, no has ido..?)

—Si no cambias de actitud, **dejarás de hacer** muchas amistades.

En forma negativa, significa que la acción expresada por el verbo se realiza sin interrupción alguna:

—**No ha dejado de asistir** a clase ni un solo día. (No ha faltado...)
—**Nunca dejan de enviarnos** una tarjeta de felicitación por Navidades.

Esta misma construcción negativa, en futuro o imperativo, tiene un valor especial.

Ejemplos:

—Cuando pase por Madrid ¡**no deje usted de visitarnos!**, (visítenos sin falta; no se olvide usted de...; le ruego encarecidamente que nos visite).
—Te prometo que **no dejaré de escribirte** a diario (tengo el firme propósito de escribirte sin falta, etc.).

Modismo. **No dejar de reconocer.**

Ejemplo:

—**No dejo de reconocer** que tiene razón, pero de momento no se puede resolver su caso. (No tengo más remedio que admitir honestamente que...)

&19) **QUEDAR EN** + infinitivo.

Hemos incluido esta perífrasis en el grupo de las terminativas. Creemos que, en realidad, se trata de una construcción elíptica procedente de **quedar de acuerdo en.**

Ejemplos:

—**Quedó en escribirnos** nada más llegar a Tokio.
—Si por fin **quedáis en veros** a las cinco, avísame por teléfono.

I-B

CONSTRUCCIONES PERIFRASTICAS
CON GERUNDIO

> § 20) **IR** + gerundio.

Perífrasis de carácter durativo que, en general, expresa que la acción del verbo se desarrolla lenta y gradualmente con diversos matices significativos que, a continuación, comentamos:

a) Matiz puramente durativo; la acción se prolonga lenta y gradualmente.

Ejemplos:

—Nos **vamos haciendo** viejos sin darnos cuenta.
—Cada vez **voy teniendo** menos memoria.
—La situación **va mejorando** visiblemente.
—La habitación **iba llenándose** de gente.

Se observará que en todos estos ejemplos la idea es la expresada con ayuda de las expresiones adverbiales **"poco a poco"**, **"lentamente"**, **"gradualmente"**.

b) Matiz incoativo; donde el énfasis principal está en denotar el comienzo de la acción, aunque naturalmente sigue conservando el carácter durativo propio de esta perífrasis.

Ejemplos:

—Ya **voy viendo** que tenía razón (poco a poco, empiezo a ver...).
—**¡Vayan preparando** ustedes la lección del próximo día! (empiecen a preparar...).
—Mientras yo saco las entradas, **vete pidiendo** un café.
—**Va cantando** cada vez mejor.

c) Matiz continuativo; se hace hincapié en el esfuerzo o dificultad con que se realiza la acción del verbo.

Ejemplos:

—El chico **va aprobando** sus exámenes, pero no es ninguna lumbrera.
—**Voy pagando** las letras de la casa (las pago con dificultades o más lentamente de lo que yo quisiera).
—¿Qué tal va el problema? **Lo voy resolviendo.**

d) Casos especiales. Obsérvese el valor semi-perifrástico del verbo **Ir** en las siguientes expresiones y modismos:

—¿Qué es de tu vida? **Voy tirando.** (No vivo del todo mal.)
—**Van diciendo** por ahí que fueron ellos los que escribieron el libro.

El valor original de **ir** se mantiene en construcciones, por otros conceptos interesantes, como:

—Me gusta **ir andando** a todas partes.
—**Id yendo** (a la calle); yo salgo ahora.

Nota: Es importante señalar que casi todos estos usos no suelen darse en forma negativa.

§ 21) **VENIR** + gerundio.

El significado general de esta construcción es el de una acción que ha empezado en un período de tiempo pasado y que se desarrolla gradualmente, con un matiz de insistencia o repetición, hasta el momento al que nos referimos. Implica la idea de **desde hace... hasta... + repetidas veces.**

Ejemplos:

—**Vengo pensando últimamente** que ese problema no tiene solución.

—Las mismas cosas **venían sucediendo** desde principios de siglo.

—La experiencia nos **viene demostrando** que el hombre es un animal de costumbres.

—Esto lo **venía vaticinando** yo desde hace ya muchos años.

Nota: La tendencia es no utilizar esta construcción en los tiempos perfectos. Prácticamente, su uso queda restringido al presente e imperfecto de indicativo.

Puede tener un carácter semi-perifrástico en frases como "**Me vino contando su vida** durante el viaje". "**Ha venido llorando** todo el camino" (aquí se desarrolla la acción durante el transcurso de un viaje o trayecto).

§ 22) **SEGUIR (continuar)** + gerundio.

Es una semiperífrasis con valor continuativo muy frecuente en español, que tiene construcciones paralelas en otras lenguas.

Ejemplos:

—Creo que todavía **sigue buscando** empleo.

—Yo **sigo diciendo** que no es tan fácil encontrar la solución.

—Estaban separados, pero **seguían viéndose** de vez en cuando.
—Empezó a llover, pero los muchachos **siguieron jugando** como si tal cosa.

Nota: Obsérvese que si queremos formular la acción expresada por el gerundio en forma negativa, la construcción cambia a **seguir sin** + infinitivo.

Ejemplo:

Sigo sin entenderlo.

> **& 23) ANDAR** + gerundio.

Perífrasis frecuentativa. El verbo andar confiere a la acción un dinamismo intrínseco, un movimiento no continuado, sin dirección fija y en cierto modo irreflexivo. Posee esta construcción un sentido vago y, frecuentemente, peyorativo.

Ejemplos:
—Me han dicho que **anduviste viajando** todo el tiempo este verano.
—Antes de casarse **anduvieron viendo** pisos para comprarse uno.
—**Andan diciendo** por ahí que soy un intrigante.
—Los vecinos del tercero **andaban peleándose** todo el santo día.
—**No ande usted escribiendo** donde no debe.

Nota: Téngase en cuenta que aunque se utiliza en el imperativo negativo, no se da en la forma afirmativa a menos que se utilice en tono admonitorio:
—Tú **anda buscando** camorra, y ya verás lo que te pasa.

§ 24) **LLEVAR** + gerundio.

Perífrasis durativa muy característica del español, de enorme frecuencia de uso, y que implica la idea de un **desde... hasta** en el desarrollo de la acción. Existen otras dos construcciones españolas, también frecuentes, que se pueden considerar sinónimas de ésta, como se muestra en los ejemplos:

—**Llevaba saliendo con aquella chica más de dos años.**
(Hacía más de dos años que salía con aquella chica.)
(Salía con aquella chica desde hacía más de dos años.)
—**Llevo viviendo** con esta familia desde que vine a estudiar a Madrid.
—Cuando yo llegué, **llevarían discutiendo** el asunto unas dos horas.
—¿Cuánto tiempo **lleva usted** esperando aquí?

Nota: Obsérvese que esta perífrasis no puede usarse en el pretérito indefinido, imperativo y tiempos compuestos.

§ 25) **SALIR** + gerundio.

Se trata de una semiperífrasis típicamente incoativa. Significa que la acción se inicia bruscamente, con connotaciones de sorpresa. Su uso es frecuente pero restringido a un número muy pequeño de verbos de movimiento, con los cuales tiene el verbo **salir** un valor semiperifrástico. Los más importantes de estos infinitivos son **correr** y **volar.**

Ejemplos:
—Los niños que jugaban en el parque **salieron corriendo** al acercarse el guardia (empezaron a correr, rápida y bruscamente).

—Si te acercas demasiado, las palomas **saldrán volando.**

—¡Venga, **sal corriendo** ahora mismo!

Tal vez, por contagio con este tipo de expresiones, su uso se ha extendido con pleno valor perifrástico al verbo **decir** y sinónimos, donde la idea de sorpresa o irreflexión es la dominante.

Ejemplos:

—Después de haber hablado durante dos horas de las bellezas del paisaje alemán, **salió diciendo** que nunca había estado en Alemania (de repente, nos sorprendió diciendo...).

Caso especial lo constituye la construcción con los verbos **perder** y **ganar,** puesto que la perífrasis, en este caso, adquiere un carácter terminativo.

Ejemplos:

—En las discusiones que manteníamos, él siempre **salía ganando** (terminaba ganando).

—Con la compra de aquel solar **salí perdiendo** mucho dinero.

Giro coloquial: **Salir pitando** (salir corriendo).

Nota: No mencionamos la construcción **salir de un lugar** + gerundio, puesto que en todos estos casos el verbo **salir** mantiene su significado original.

---

§ 26) **QUEDAR(SE)** + gerundio.

Se trata de una semiperífrasis que acentúa la idea de permanencia y continuidad de la acción con referencia a un lugar más o menos determinado. Suponemos que los ejemplos que damos a continuación aclararán suficientemente el sentido de esta construcción verbal:

—**Me quedé estudiando** hasta las tantas de la noche (seguí estudiando sin moverme...).

—Sabe Dios lo que **quedarán diciendo** de mí.

—Cuando me marché, todavía **quedaban riéndose** del chiste que les había contado.

—Si no tienes otras cosas que hacer, ¡**quédate viendo** la televisión!

&· 27) **ACABAR (terminar)** + gerundio.

Se trata de una construcción verbal que no consideramos perifrástica, pero que dado su extenso uso en español, mencionamos aquí por las diferencias de estructuración que puedan existir con respecto de otras lenguas.

Ejemplos:

—**Acabó dándose** cuenta de su error.

—**Acabarás haciendo** lo que ella te pida.

—Siempre **acaba enfadándose** con sus amigos.

Nota: El verbo **acabar**, en estas construcciones no puede emplearse en forma negativa; la negación recae sobre el gerundio o el infinitivo que lo siguen, aunque en este caso se prefiere la construcción con infinitivo.

Ejemplo:

—**Acabó por no salir** nunca de casa.

I-C

CONSTRUCCIONES PERIFRASTICAS
CON PARTICIPIO PASADO

Antes de empezar el estudio de cada una de las perífrasis con participio conviene aclarar que éste conserva un claro carácter adjetival y, por lo tanto, concuerda en género y número con el sujeto de la oración, si se trata de los verbos **ir, andar** y **seguir;** y con el complemento directo, con los verbos **llevar, tener, traer** y **dar.** En algunos casos, sin embargo, el proceso de gramaticalización ha sido más profundo, como ocurre a veces con los verbos **llevar** y especialmente **tener,** con los cuales el uso del participio (concordancia-no concordancia) es vacilante, sobre todo en el español hablado.

&boxed; 28) **IR** + participio.

Es una semiperífrasis que se usa normalmente con adjetivos o participios adjetivados, donde el verbo **ir** conserva el matiz de movimiento que le es característico. Está en la línea de la tendencia del español a sustituir **estar** + participio por formulaciones de carácter dinámico. Los participios más usados son los que se refieren al aspecto físico o estado anímico de una persona.

Ejemplos:

—Cuando murió su madre, **fue vestida** de negro durante un año.

—**Va** muy **preocupado** por lo que le hemos dicho.

—Siempre **iba** muy **pintada.**

—En aquella ocasión, **íbamos preparados** para cualquier eventualidad.

—Este reloj siempre **va adelantado.**

—El niño **va atrasado** con respecto a los demás.

Debemos mencionar otro uso, muy interesante de esta construcción, que el profesor E. Lorenzo denomina: **uso acumulativo,** y que equivale a una construcción de voz pasiva donde está implícito un desarrollo de la acción, comenzando ésta en un momento del pasado que no se especifica y continuando hasta el momento al que nos referimos. El verbo **ir,** en estos casos, se utiliza generalmente en tercera persona del plural y no se emplea en los tiempos compuestos, indefinido e imperativo.

Ejemplos:

—Del libro que hemos escrito, **van vendidos** 200 ejemplares (han sido vendidos hasta este momento...).

—El árbitro expulsó al defensa central cuando **iban marcados** cinco goles.

—En el campeonato de ajedrez que se está celebrando, **van jugadas** sólo diez partidas.

Usos especiales: En la terminología deportiva es muy frecuente el uso de **ir empatados,** para indicar que el tanteo es idéntico por los dos bandos.

—El Real Madrid y el Barcelona **van empatados** a puntos.

—¿Cómo va el tanteo? **Vamos empatados.**

Otro modismo muy usual es **ir hecho** + sustantivo:

—**Va hecha** un adefesio (viste muy mal).
—**Iba hecho** un basilisco (muy enfadado, colérico, enfurecido).

& 29) ANDAR + participio.

Perífrasis durativa del mismo tipo que la anterior y que admite los mismos participios y adjetivos. Como ejemplo del largo proceso de gramaticalización que el verbo **andar** ha sufrido en muchos casos, podemos mencionar un ejemplo que es posible oír en el habla coloquial española y que tiene pleno sentido:

—¿Qué tal va el trabajo? Pues chico, **andamos parados** estos días (estos días no hay trabajo para nadie).

Otros ejemplos más comunes en los que también sustituye a **estar** + participio, por ejemplo, son:

—No sé lo que le pasa estos días; **anda muy distraído.**
—Le gusta mucho **andar descamisado.**
—Siempre **andaba metido** en líos.
—Hace un mes **andaba enfadado** conmigo.

& 30) SEGUIR + participio.

Se trata de una semiperífrasis durativa con el valor pasivo que naturalmente confiere el participio pasado a la acción verbal. Esta es la única diferencia que esta construcción tiene con respecto a **seguir** + gerundio. Es equivalente a **estar todavía** + participio.

41

Ejemplos:
—Ese cuadro **sigue torcido.**
—Tu reloj **sigue atrasado.**
—Se fue a la cama muy temprano, y hoy a las once de la mañana **seguía acostado.**

&· 31) **LLEVAR** + participio.

Esta perífrasis durativa está en estrecha relación con el uso acumulativo del verbo **ir** + participio visto en páginas anteriores. La diferencia estriba en que ésta se utiliza con todas las personas y no tiene carácter pasivo. Sustituye al verbo **haber** + participio, como en el caso de la construcción con gerundio, lleva implícita la idea de **desde...,** **hasta...**

Ejemplos:
—Ya **llevo pagadas** varias letras del piso (he pagado hasta ahora...).
—**Llevábamos recorridos** 50 km. cuando tuvimos el pinchazo.

Nota: No se puede utilizar esta estructura en los tiempos compuestos, pretérito indefinido ni imperativo.

Otro uso muy característico de esta perífrasis es aquel en el que se combinan los matices de **tener** e **ir con.**

Ejemplos:
—¡Oye, átate los zapatos, que los **llevas desatados!**
—**Llevaba pinchada** la rueda del coche.
—Solía **llevar** el abrigo **desabrochado.**

Uso especial:
Llevar puesto puede equivaler simplemente al verbo **llevar** con prendas de vestir o puede acentuar la diferencia

entre tener alguna prenda encima de sí (llevar puesto) o llevarla en la mano (llevar).

> **&· 32) TENER + participio.**

De todas las perífrasis tratadas en el presente estudio, tal vez sea ésta la que más valores posea. Como se observará en las págs. 61 y 62, la hemos incluido en cuatro apartados diferentes: perífrasis terminativas, durativas, acumulativas y frecuentativas o repetitivas. Esto significa que es la construcción más gramaticalizada de todas, pues no debemos olvidar que hasta bien avanzado el proceso de fijación de la lengua española, le disputó el puesto al verbo **haber** como auxiliar para formar los tiempos compuestos. A esto se debe también lo que apuntábamos en la pág. 39, en cuanto a la vacilación que existe hoy día en la concordancia del participio pasado.

Como, en general, **tener** sustituye a **haber** + participio pasado tiene naturalmente un valor **perfectivo o terminativo;** de su significación original conserva, en muchos casos, una cierta idea de posesión y, en general, los matices que le distinguen de **haber** son los **duración, repetición** o **insistencia** y **acumulación.**

Tratamos, a continuación, de ilustrar con unos ejemplos todos estos matices citados, aunque éstos se interfieren constantemente y el contexto es, en última instancia, el que debe aclararnos los valores dominantes.

a) Terminación:

—Ya **tenía proyectado** ir a Suecia antes de que me lo sugirieras.

—**Tengo pensado** que en lugar de ir a la playa, podíamos ir a la montaña este año.

—Le dije que **tuviera barrida** la casa antes de la una.

b) Duración:

—**Me tienen prohibido** que salga.
—No he traído al niño conmigo porque lo **tengo castigado.**

c) Repetición o insistencia:

—**Lo tenemos visto** muchas veces por aquí.
—**Me tiene ayudado** en más de una ocasión.
—**Tienen viajado** mucho por el extranjero.
—Ya **te tengo dicho** que no hagas eso.

d) Acumulación:

—**Tengo escritos** 300 folios de la tesis.
—**Tiene conocido** a muchas mujeres guapas durante sus viajes.

—**Tenemos sufrido** muchas penalidades en esta vida.

Hay que hacer notar que en algunos casos, la combinación **tener** + participio pasado tiene un carácter puramente durativo y equivale a un tiempo simple, no a uno compuesto, como en los ejemplos anteriores. Los participios usados son de verbos que expresan un estado anímico.

Ejemplos:

—Este chico me **tiene muy preocupado** (me preocupa).
—Las últimas noticias le **tenían angustiado** (le angustiaban).
—El ruido de los aviones de bombardeo **tenía aterrorizada** a la población civil.

Usado en el imperativo con la mayor parte de los participios que indican actividades, **tener** presenta un matiz puramente terminativo:

44

—**Ten preparada** la cena para las diez.

—**Tengan ustedes hecho esto** antes de la hora de cerrar.

Nota: En ninguno de los ejemplos citados se puede usar el verbo **tener** en los tiempos compuestos.

> § 33) **TRAER (a uno)** + participio.

Perífrasis durativa de carácter imperfectivo muy característica del español. Sustituye a **tener** + participio pasado, en el caso citado en que esta construcción equivale a un tiempo simple. El verbo **traer** acentúa la acción expresada por el participio y le presta una cierta dosis de obsesión y dinamicidad. Los participios o adjetivos que se usan son de carácter anímico.

Ejemplos:

—Este niño me **trae muy preocupado** (me preocupa mucho).

—Las nuevas ideas revolucionarias **traían entusiasmado** al pueblo.

—Este matón nos **traía asustados** con sus bravatas.

Modismo: **Traer (a uno) frito:**

—Este asunto **me trae frito** (absorbe todo mi tiempo y voluntad).

—El jefe **nos trae fritos** (nos exige mucho; no nos deja ni respirar, etc.).

Nota: No suele usarse en forma negativa, ni en imperativo.

> § 34) **QUEDAR** + participio.

Semiperífrasis terminativa y durativa de uso muy amplio. Sustituye al verbo **ser** + participio pasado. Su uso presupone el desarrollo de un proceso anterior cuyos resultados se consideran todavía operantes en el momento en que se habla.

Ejemplos:
—Gracias a Dios, la gestión ha **quedado solucionada.**
—La luz (se) ha **quedado encendida.**
—Esto **quedará decidido** en cuanto nos reunamos.
—La nevera **quedó colocada** donde usted me dijo.

Nota: Es importante observar que la forma pronominal del verbo **quedar (quedarse)** se usa más con adjetivos y participios de verbos anímicos, y en este caso no sustituye al verbo **ser:**

—Se **quedó encantado** de lo bien que lo habían tratado.

&. 35) **DEJAR** + participio.

Semiperífrasis también terminativa. El matiz más importante de esta construcción es el de recalcar los efectos producidos por una acción anterior.

Ejemplos:
—La enfermedad me **dejó agotado.**
—La catástrofe financiera los había **dejado arruinados.**
—Ya he **dejado firmado** el cheque que me pediste.
—Les **dejamos dicho** que no nos esperaran hasta las diez.

&. 36) **DAR POR** + participio.

Se trata de una perífrasis terminativa que no hemos visto tratada con la atención y el rigor que merece en ninguna de las gramáticas consultadas. Aun a riesgo de omitir o confundir alguno de los matices que esta construcción comporta, nos atrevemos a establecer tres posibles usos:

1) **dar por** + estudiado
   explicado
   terminado
   perdido
   muerto
   ganado
   (y sinónimos)

El verbo **dar,** en estos casos es equivalente a **considerar.** Funcionalmente, este grupo de participios pasados van referidos a un complemento directo concreto de cosa o de persona, nunca a una acción; por lo tanto, no admiten cláusulas subordinadas con la partícula **que.**

Ejemplos:

—**Doy por estudiadas** estas lecciones.
—Ya **daba por perdida** la cartera, cuando apareció debajo del armario de su habitación.
—Sufrió un accidente tan grave que **le dieron por muerto.**

2) **dar por** + sentado
   supuesto
   descontado
   sabido
   hecho
   (y sinónimos).

Estos participios admiten la conjunción **que,** así como un complemento directo de cosa. Son prácticamente modismos y sus significados no difieren mucho entre sí.

Ejemplos:

—**Doy por descontado** que asistirás a mi fiesta de cumpleaños.

47

—**Daba por sentado** que sus proyectos se cumplirían al pie de la letra.

—Eso hay que **darlo por sabido.**

—En sus sueños, **daba por hecho** su viaje a Australia.

3) **darse por** + enterado
   ofendido
   contento
   satisfecho
   vencido
   bien/mal pagado
   (y sinónimos).

Obsérvese que con este grupo de participios, el verbo **dar** se usa en forma reflexiva, y estas combinaciones constituyen también modismos de frecuente uso en español a todos los niveles de la lengua.

Ejemplos:

—Hasta que no me lo diga él personalmente, no **me daré por enterado.**

—Nunca se **da por ofendido.**

—**Se dio por satisfecho** con las explicaciones que le di.

Nota: Con el imperativo del verbo **dar** se pueden usar los participios de los tres grupos y muchos más, prácticamente todos. Estas construcciones con **dar** expresan una acción como realizada cuando aún no se ha cumplido. Exhortan al interlocutor a **dar por hecha** una acción que puede no haberse iniciado todavía.

Ejemplos:

—**Date por bien pagado** con estas pesetas.

—Si quieren engañarte, **date por engañado.**

—Si ha dicho que va a pintar el cuadro, **dalo por** pintado.

—Ha dicho que va a bañar a los niños, así que **dalos por bañados.**

I-D

CONTRASTES ENTRE PERIFRASIS AGRUPADAS POR CAMPOS SEMANTICOS

Nuestro propósito en el presente apartado es el de contrastar algunas de las diferentes perífrasis estudiadas en las páginas anteriores y aclarar, en lo posible, las diferencias de matiz y de uso entre aquellas construcciones verbales que presentan interferencias dentro de sus correspondientes campos semánticos.

&- A) El primer grupo está constituido por las siguientes perífrasis:

Ponerse a + infinitivo.
Echarse a + infinitivo.
Romper a + infinitivo.
Liarse a + infinitivo.

Todas ellas son, en principio, perífrasis **incoativas** que corresponden al campo semántico de los verbos **empezar, comenzar** o **principiar a** + infinitivo.

La construcción que podemos considerar base de todas las demás es **ponerse a** + infinitivo. La diferencia fundamental entre el verbo **ponerse** y **empezar** consiste en que con el primero queremos expresar una mayor voluntariedad y participación del sujeto agente en la acción. Esta estructura con **ponerse** tiene una carga mucho más subjetiva que el aséptico y objetivo **empezar,** y puede teñir a verbos completamente impersonales, dando a la formulación una muestra de mayor interés, por parte del hablante, en el desarrollo de la acción. Compárense, por ejemplo, frases como las siguientes:

—Antonio **empezó a estudiar / se puso a estudiar.**
—**Empezó a llover / se puso a llover.**

Las frases con el verbo **empezar** sólo enuncian muy objetivamente la iniciación de una acción, mientras que las que usan **ponerse** implican la decisión, esfuerzo, voluntariedad, etc., por parte del sujeto hablante en el primer caso, y el grado en que este mismo sujeto se siente afectado, en el segundo.

—El coche **empieza a hacer** ruido / **se pone a hacer** ruido.

En este ejemplo se incluyen los matices de personalización del coche y también el grado en que la acción afecta al sujeto hablante. En algunos casos la diferencia es aún mayor, como en el ejemplo:

—**Empezó a trabajar** a los quince años / **se puso a trabajar.**

Donde, creemos, se observa claramente la diferencia entre acto objetivo (1.ª frase) y profesionalidad, dedicación o intencionalidad posibles (2.ª frase).

La perífrasis **echar(se) a** + infinitivo es de uso mucho más restringido. Sólo se usa con los infinitivos mencionados en la pág. 20. El matiz que añade a **ponerse** es el de una mayor brusquedad en el comienzo de la acción.

El verbo **romper a** + infinitivo posee el mismo matiz que **echarse.** La única diferencia, a nuestro juicio, estriba en que este último es más literario con los infinitivos en que su uso es común **(reír, llorar).** Obsérvese que, aunque el matiz es idéntico, el uso de **romper** y **echar(se)** no es intercambiable con la mayoría de los infinitivos que pueden acompañarlos. La construcción **"(se) echó a cantar"** no es admisible, pero sí lo es, sin embargo, **"rompió a cantar"**

La construcción **liarse a** + infinitivo es la que se usa a nivel más coloquial y acentúa todavía más el compromiso o grado de participación del sujeto en la acción que realiza, con una clara tendencia a poseer connotaciones humorísticas o despectivas.

Veamos, en resumen, los distintos matices que cada uno de estos verbos confiere al mismo infinitivo:

—**Empezó a andar** (estricta iniciación objetiva del acto).

—**Se puso a andar** (participación subjetiva e intencionalidad).

—**Echó a andar** (iniciación brusca del acto, con posible matiz de sorpresa).

—**Rompió a andar** (referencia a los primeros pasos de un niño, un inválido; vencimiento de una dificultad).

—**Se lió a andar** (matiz de aturdimiento, irreflexión o desmesura).

Nota: Existe otra estructura verbal, **soltarse a** + infinitivo, que puede ser considerada como una variante de la perífrasis **romper a** + infinitivo en sus usos con los verbos **andar** y **hablar.** Pero hay que notar que también puede poseer un matiz peculiar con algunos otros verbos como **bailar, nadar, escribir,** etc., que trataremos de ilustrar con los ejemplos que van a continuación.

   —Mi primo **se soltó a** bailar en la fiesta del pueblo. (Antes no sabía bailar, no se atrevía a hacerlo, etcétera...)
   —Mi niño se **soltó a** nadar al cabo de dos semanas de clases de natación.

&- B) El segundo grupo de perífrasis con posibles interferencias es:

a) **Llegar a** + infinitivo.
   Acabar por + infinitivo.
   Acabar + gerundio.

Empecemos por decir que las dos últimas construcciones son, prácticamente sinónimas; aunque existe una marcada preferencia por el uso de la construcción **acabar por** + infinitivo en la negativa; por tanto la diferenciación hay que establecerla entre **llegar a** + infinitivo y estas dos últimas.

Las tres son **terminativas;** expresan el final de una acción. Los casos conflictivos son numerosos y difíciles de explicar. Empecemos por decir que el verbo **llegar** implica, en muchos casos, un proceso en dirección ascendente, de superación, mientras que **acabar** implica la dirección descendente; la formulación conlleva una cierta renuncia. Examinemos estos ejemplos:

—Después de tres meses en Inglaterra, **llegó a gustarme** el té. (El hablante formula la acción como una adquisición, como algo positivo.)
—Después de tres meses en Inglaterra, **acabó por gustarle** el té. (El hablante la formula como algo negativo, y existe un indudable matiz de claudicación.)

Observemos ahora que, si intentamos formular estos dos ejemplos en forma negativa, el primero quedaría así:

—Después de tres meses en Inglaterra, **no llegó** a gustarme el té. (El verbo **llegar** admite la partícula negativa perfectamente.)

Pero la segunda frase muestra dos particularidades, una de tipo funcional y otra de significado o contenido:

1) El verbo **acabar** no admite la negación, pues ésta ha de desplazarse al infinitivo o gerundio que lo acompaña. Así habría que decir:

—Después de tres meses en Inglaterra, **acabó por no gustarme...**

2) Obsérvese que hemos dejado sin terminar la frase, pues si mencionáramos la palabra "té", la construcción no tendría sentido lógico, si seguimos cqn la idea original de que el té no nos gustaba antes. Tendría, en cambio, sentido una frase como la siguiente:

—Después de tres meses en Inglaterra (como allí sólo se toma té), **acabó por no gustarme** el café (que antes sí me gustaba).

Creemos, pues, que esto contribuye a aclarar la diferencia que exponíamos antes entre **llegar** y **acabar;** a saber, que el primer verbo supone un proceso adquisitivo, mientras que el şegundo expresa siempre un proceso negativo.

b) También merece la pena contrastar las construcciones:

No llegar a + infinitivo.
No acabar de + infinitivo,

donde el verbo **acabar** sí admite la negación.

La diferencia es básicamente la misma que en las frases anteriores pero, en el caso de **acabar,** se añade un matiz de impaciencia o contrariedad por parte del hablante, en aquellos ejemplos en que su uso es intercambiable con **llegar.**

Obsérvese:

—**No llegó a comprenderle / No acabó de comprenderle.**

Nótese que la función más peculiar de **no acabar de** + infinitivo es precisamente la de expresar impaciencia, contrariedad o incluso ansiedad, y cuando son estos matices los que se trata de poner de relieve, entonces no hay intercambiabilidad entre ambos verbos. Un ejemplo como:

—**No acaban de dar las doce,**
  no se puede expresar con el verbo **llegar.**

& C) **Tener que** + infinitivo.

Haber de + infinitivo.
Haber que + infinitivo.
Deber + infinitivo.

En este caso, y por tratarse de un grupo de perífrasis obligativas, cuyos usos y diferencias fundamentales han sido suficientemente divulgadas por toda clase de manuales, suponemos que cualquier estudiante para el que pueda ofrecer interés este libro conoce ya los contrastes básicos que pueden darse entre estas construcciones, y para sus usos específicos y niveles de frecuencia, remitimos a los ejercicios y al estudio teórico de cada una de estas perífrasis. págs. 26, 27, 28.

& D) **(Estar** + gerundio)

Ir + gerundio.
Andar + gerundio.
Venir + gerundio.

Las diferencias entre estas perífrasis durativas están más o menos apuntadas en páginas atrás. Frente a la mera descripción de un estado (estar), los verbos **ir, andar** y **venir,** oponen un matiz de movimiento y dotan a la acción de un dinamismo y una vida interior muy características de nuestra lengua. Esta visión dinámica de la vida que se desarrolla a nuestro alrededor es la que produce estos marcados contrastes de estilo y da fluidez y vivacidad a nuestra habla.

Cada uno de estos tres verbos apunta una ligera diferencia en el significado global de la acción, pero esto lo veremos con mayor claridad si contrastamos los cuatro verbos con el mismo gerundio:

—**Está trabajando** (simple manifestación de un acto).

—**Va trabajando** (matiz de continuidad y progresión lenta y trabajosa).

—**Anda trabajando** (movimiento interno sin dirección fija, u otros matices ya expuestos anteriormente).

—**Viene trabajando** (idea de progresión gradual desde un pasado hasta el momento del que se habla).

Analicemos ahora estos contrastes más detenidamente. Los verbos **ir** y **andar** muestran una oposición que puede alternar entre la casi total sinonimia, con el verbo **decir** y sinónimos **(va diciendo / anda diciendo)** y la falta de intercambiabilidad, con todos los demás. A efectos prácticos, hay que recordar que el verbo **andar** sólo puede tener un carácter durativo o frecuentativo, mientras que **ir** puede tener, además, carácter incoativo. Para que quede más claro el valor repetitivo más propio de **andar** (que sólo es compartido por **ir** en el caso mencionado de acompañar al gerundio de **decir),** piénsese que con un **aún,** implícito o explícito, equivale prácticamente a **seguir** + gerundio.

Ejemplo:

—(Aún) **anda buscando piso** / aún **sigue buscando** piso,

donde es imposible la frase ''aún va buscando...''.

Nota: Los verbos **venir** y **llevar** + gerundio pueden, también en ocasiones, tener usos conflictivos. Véase, a título de ejemplo, estas dos frases:

—**Viene actuando** en la televisión desde el año 1960.
—**Lleva actuando** en la televisión desde el año 1960.

El verbo **venir** acentúa la idea de progresión lenta y continua de la acción desde un punto del pasado hasta el momento presente, mientras que **llevar** centra su atención más bien en la duración global de la acción. Este hecho se pone más en evidencia cuando vemos que la construcción con **venir** exige la partícula **desde,** mientras que con **llevar** no es necesaria:

—**Lleva dos años trabajando** en esta empresa (**viene trabajando** en esta empresa desde hace dos años).

Nota: Aparte del caso de **aún** ya comentado, los verbos **seguir** y **andar** pueden aparecer en los mismos contextos. **Seguir** más gerundio es una semiperífrasis eminentemente continuativa, dentro del grupo de las durativas y frecuentativas a los que también pertenece **andar.** Quiere esto decir que **seguir** centra su interés en la no interrupción en el desarrollo de la acción o en la repetición sistemática de la misma, mientras que **andar** + gerundio destaca, no la continuidad de la acción, sino precisamente que el desarrollo de la misma puede ser interrumpido y reanudado, cargando, en consecuencia, a la construcción de un matiz de vaguedad e irreflexión. Veamos unos ejemplos:

—¿Qué hace tu primo? Ahora **anda escribiendo** novelas.
—¿Qué hace tu primo? **Sigue escribiendo** la novela que empezó hace dos meses.
—**Sigue viniendo** por aquí todos los domingos.
—Ultimamente **anda viniendo** por aquí (de vez en cuando).

& E) Veamos ahora las perífrasis:

(**Estar** + participio.)

ir + participio

andar + participio
seguir + participio

a) La primera diferencia, pues, es la de los verbos **estar** e **ir,** que como ya hemos visto en casos anteriores consiste en poner de manifiesto el estatismo o el dinamismo implícito en la acción. **Ir** + participio es prácticamente intercambiable por **estar** + participio en los mismos contextos, aunque con la diferencia de matiz ya comentada, excepto cuando el verbo **ir** se usa como perífrasis acumulativa con valor pasivo ("van marcados cinco goles"; no se puede decir "están marcados...", aunque sí es posible "han sido marcados..."). Este proceso de dinamización que confiere el verbo **ir** se puede llevar, en español, a casos extremos, atribuyendo vida y movimiento a objetos o cosas inanimados; obsérvese, por ejemplo, la diferencia que hay entre estas frases: "Este cuadro está pintado al óleo" y "este cuadro va pintado al óleo"

b) La siguiente diferencia que podemos comentar es la que existe entre los verbos **ir, andar** y **seguir** + participio. Partiendo del semantismo original de estos verbos, ya visto en diferentes ocasiones a lo largo del presente estudio, nos atrevemos a afirmar que **ir** se limita a exponer el mero dinamismo intrínseco de la acción, **andar** indica la vaguedad y falta de continuidad de esa misma acción, y **seguir** da énfasis a la persistencia en la continuidad del acto.

Ejemplos:

—Esa chica es bastante atractiva, pero **va peinada** a la antigua.

—**Anda asustado** porque recibe anónimos amenazantes.

—**Sigue enfadado** conmigo.

Nota: Es digno de observar que el verbo **ir,** para ser considerado como verdadera perífrasis, ha de ir acompañado de participios que indican estados físicos visibles y palpables, y casi nunca de verbos que indican estados anímicos o mentales.

&· F) **(Haber** + participio.)

Llevar + participio.
Tener + participio.
Traer + participio.

Hablemos ahora de las diferencias de matiz que presentan los verbos **llevar** y **tener** + participio. No comparamos cada una de estas perífrasis con **haber,** por considerar que esto ya está suficientemente explicado en los apartados dedicados al estudio de cada una de estas construcciones, ya que el verbo **haber** indica sólo la mera manifestación objetiva de un acto (y en la estructura el participio mantiene su carácter verbal al no admitir desinencias de género y número), y los verbos **tener** y **llevar** añaden matices nuevos que de alguna manera incorporan o responsabilizan al sujeto hablante en la acción.

Así pues, como ya hemos expuesto al describir individualmente cada una de estas perífrasis, **llevar** + participio es una perífrasis acumulativa de tipo continuativo, que centra su interés no en la terminación del acto, sino en el desarrollo del mismo, mientras que **tener** + participio es una perífrasis que indica insistencia, repetición y también acumulación pero con matiz terminativo; este último valor acumulativo es el caso en que los verbos pueden aparecer en los mismos contextos:

—**Llevo leídos** cinco artículos sobre el mismo tema (el énfasis se centra en que consideramos la acción como no acabada todavía; espero leer más).
—**Tengo leídos** cinco artículos... (hacemos hincapié en la

terminación del proceso, sin expresar ningún deseo posterior).

En los casos en que **tener** posee un matiz de insistencia o repetición, que son los más frecuentes, no se puede usar **llevar** en los mismos contextos. En el ejemplo: "Este asunto lo **tenemos** ya muy **discutido**", no podemos sustituir **tener** por **llevar,** porque "...lo **llevamos discutido**" no es admisible en español, o al menos, mucho menos frecuente. Sin embargo, sí podemos emplear el verbo **haber:** "...lo **hemos discutido** mucho".

Con participios de verbos anímicos de emoción o sentimiento o con verbos que expresan procesos mentales, el verbo **tener** se puede sustituir por **traer** sin ninguna diferencia significativa de matiz. El contraste solamente sirve para poner de manifiesto este antagonismo vivencial del español ante la dualidad estático-dinámica de la naturaleza. En el ejemplo: "El proyecto les **tenía agobiados** de trabajo" podemos sustituir **tener** por **traer;** "...les **traía agobiados**", sin cambio aparente de significado.

&- G) **Quedar** + participio.

Dejar + participio.

El verbo **dejar,** por su carácter de transitividad, supone siempre un sujeto agente y un objeto directo o una frase que desempeñe su función. Tiene un sentido activo:

—**Dejamos encargado** (un jamón; que nos avisen).

Quedar supone siempre un valor pasivo, donde lo único que interesa es el receptor o sujeto paciente de la acción, y desde este punto de vista puede sustituirse por **ser** + participio pasado en la mayoría de los casos.

Los dos verbos, por tanto, funcionan del mismo modo que las voces activa y pasiva, en las siguientes frases:

—La catástrofe financiera me **dejó arruinado (quedé arruinado** por la catástrofe financiera).

—La lluvia **dejó los campos anegados** (los campos **quedaron anegados** por la lluvia).

—El me **dejó asombrado** (yo **quedé asombrado).**

—Alguien **dejó la nevera** desenchufada (la nevera **quedó** desenchufada).

CUADRO DE PERIFRASIS AGRUPADAS POR CAMPOS SEMANTICOS

(1) Perífrasis incoativas:

Ir a + infinitivo (p. 15 & 1)
Ponerse a + infinitivo (p. 17 & 3) (p. 49 & A)
Echar(se) a + infinitivo (p. 20 & 5) (p. 49 & A)
Romper a + infinitivo (p. 22 & 8) (p. 49 & A)
Pasar a + infinitivo (p. 22 & 7)
Liarse a + infinitivo (p. 24 & 11) (p. 49 & A)
Ir + gerundio (p. 31 & 20)
Meterse a + infinitivo (p. 23 & 9)
Salir + gerundio (p. 35 & 25)
Darle (a uno) por + infinitivo (p. 28 & 17)

(2) Perífrasis terminativas:

Dejar de + infinitivo (p. 29 & 18)
Llegar a + infinitivo (p. 18 & 4) (p. 52 & B)
Acabar de + infinitivo (p. 25 & 12)
Acabar por + infinitivo (p. 37 & 27) (p. 52 & B)
Acabar + gerundio (p. 37 & 27) (p.-52 & B)
Quedar en + infinitivo (p. 30 & 19)
Tener + participio (p. 43 & 32)
Quedar + participio (p. 45 & 34) (p. 59 & G)
Dejar + participio (p. 46 & 35) (p. 59 & G)
Salir + gerundio (p. 35 & 25)
Dar por + participio (p. 46 & 36)
Ir + participio (p. 39 & 28)

(3) Perífrasis durativas:

Ir + gerundio (p. 31 & 20) (p. 57 & E)
Llevar + gerundio (p. 35 & 24)

Andar + gerundio (p. 34 & 23) (p. 57 & E)
Seguir + gerundio (p. 33 & 22) (p. 57 & E)
Quedar(se) + gerundio (p. 36 & 26)
Llevar + participio (p. 42 & 31)
Venir + gerundio (p. 54, 55 & D)
Andar + participio (p. 41 & 29)
Seguir + participio (p. 41 & 30)
Traer + participio (p. 45 & 33) (p. 59 & F)
Tener + participio (p. 43 & 32)
Quedar + participio (p. 45 & 34)

(4) Perífrasis acumulativas:

Ir + participio (p. 39 & 28)
Llevar + participio (p. 42 & 31) (p. 58 & F)
Tener + participio (p. 43 & 32) (p. 58 & F)

(5) Perífrasis frecuentativas e iterativas o repetitivas:

Volver a + infinitivo (p. 17 & 2)
Seguir + gerundio (p. 33 & 22)
Venir + gerundio (p. 33 & 21)
Andar + gerundio (p. 34 & 23)
Tener + participio (p. 43 & 32)

(6) Perífrasis aproximativa, y de conjetura:

Venir a + infinitivo (p. 20 & 6)
Deber (de) + infinitivo (p. 28 & 16)

(7) Perífrasis exagerativas o hiperbólicas:

Hincharse (inflarse) a + infinitivo (p. 23 & 10)
Hartarse de + infinitivo (p. 23 & 10)

(8) Perífrasis obligativas:

Tener que + infinitivo (p. 26 & 13)
Haber de + infinitivo (p. 26 & 14)
Haber que + infinitivo (p. 27 & 15)

EJERCICIOS

Pruebas de comprensión de la terminología empleada en este trabajo para caracterizar las diferentes frases verbales.

1) Escríbanse tres frases que contengan otras tantas semiperífrasis diferentes.

2) Escríbanse tres frases que contengan otras tantas construcciones verbales que sean perifrásticas.

3) Escríbanse tres frases donde aparezcan distintas perífrasis incoativas.

4) Escríbanse tres frases de perífrasis terminativas.

5) Escríbanse tres frases que contengan otras tantas perífrasis durativas.

6) Escríbanse tres frases que contengan otras tantas perífrasis acumulativas.

7) Escríbanse tres frases que contengan otras tantas perífrasis frecuentativas.

8) Escríbanse tres frases que contengan otras tantas perífrasis iterativas.

9) Escríbanse tres frases que contengan otras tantas perífrasis aproximativas o de conjetura.

10) Escríbanse tres frases que contengan otras tantas perífrasis obligativas.

11) Escríbanse tres frases que contengan otras tantas perífrasis hiperbólicas o exagerativas.

1.—*Referencia: pág. 61, grupo (1).*

Ponga los dos infinitivos entre paréntesis en la forma que exija el contexto y utilice una preposición en los casos que sea necesario.

1. Ellos (meterse) (trabajar) en la construcción porque no encontraron otro empleo.

2. El año que viene, yo (ir) (ingresar) en la Universidad.

3. ¡(Vds.) (ir) (entrar) de dos en dos!

4. En cuanto vi que me apuntaba con la pistola (yo) (echarse) (temblar).

5. Le operaron de la garganta y al cabo de una semana (él) (romper) (hablar).

6. Al ver los cañones enemigos, los soldados (salir) (huir).

7. Hasta ahora sólo le he mencionado las ventajas; ahora (yo) (pasar) (enumerar) los inconvenientes de este cargo.

8. Hubo un tiempo en que le (dar) (hacer) crucigramas.

9. Cuando (ella) (ponerse) (componer) música, se olvida de todo lo demás.

10. ¡Dile a tu mujer que no (liarse) (hablar) de trapos
ahora, porque tenemos que marcharnos!

2.—*Referencia: pág. 61, grupo (2).*

Ponga los dos infinitivos entre paréntesis en la forma que
exija el contexto y utilice una preposición en los casos que
sea necesario.

1. Después de mucho buscar (él) (acabar) (encontrar)
el libro que quería.

2. (Yo) ya (tener) (leer) el libro que me dejaste.

3. (Ellos) nunca (llegar) (manifestarles) la mucha sim-
patía que por ellos sentían.

4. (Ellos) (acabar) (cenar) cuando empezó el programa
que querían ver en la "tele".

5. (Ella) había (quedar) (consultar) al abogado, pero no lo hizo.

6. (Yo) (dejar) todos mis asuntos (arreglar) antes de marcharme la semana que viene.

7. (El) (quedar) (excluir) de la lista de invitados porque le consideraban persona ''non grata''.

8. Después de tanto regatear, (ella) (acabar) (pagar) lo que le pedían.

9. Su próximo libro (ir) (encuadernar) en tela.

10. No tratamos de este punto, porque (yo) lo (dar) (saber).

3.—*Referencia: pág. 61, grupo (3).*

Ponga los dos infinitivos entre paréntesis en la forma que exija el contexto y utilice una preposición en los casos que sea necesario.

1. (Nosotros) (ir) (hablar) de su familia durante todo el viaje.

2. Como no teníamos ninguna prisa, nos (quedar) (contemplar) el maravilloso paisaje durante horas y horas.

3. (El) (seguir) (empeñar) en emigrar a América.

4. (Yo) (andar) (pensar) en abrir una "boite" en la Costa Blanca.

5. (El) (andar) (convencer) de que es el número uno en su profesión.

6. Sus hazañas (tener) (fascinar) a sus admiradores.

7. (Nosotros) (seguir) (enfadar) desde aquella noche.

8. Sus declaraciones en los periódicos (traer) (desorientar) a la opinión pública.

9. Los alimentos (quedar) (exponer) a la vista del cliente.

10. El guarda se enfadó porque los niños (andar) (cortar) las flores del parque.

4.—*Referencia: pág. 62, grupo (4).*

Ponga los dos infinitivos entre paréntesis en la forma que exija el contexto y utilice una preposición en los casos que sea necesario.

1. (El) (llevar) (cambiar) más de tres mil dólares cuando se cerró el cambio oficial de divisas extranjeras.

2. Hasta este momento (ir) (realizar) más de 400 encuestas entre los empleados de las empresas de transportes.

3. Pelé (tener) (jugar) más de mil partidos a lo largo de su vida deportiva.

4. El ingeniero jefe de producción comunicó al presidente de la compañía que hasta aquel momento (ir) (fabricar) 10.000 ejemplares del modelo 23.

5. ¿Cuántos refrigeradores (nosotros llevar) (montar) en lo que va de mes?

6. Hasta ahora (yo tener) (matricular) 20 alumnos de mi clase.

5.—*Referencia: pág. 62, grupo (5).*

Ponga los dos infinitivos entre paréntesis en la forma que exija el contexto y utilice una preposición en los casos que sea necesario.

1. (Tú) no (volver) (hacer) eso, porque me enfadaré.

2. Esta empresa nos (venir) (suministrar) los materiales que necesitamos desde que se fundó.

3. Ese manual (seguir) (adolecer) de los mismos defectos que tenía en su primera edición.

4. Mi mujer nunca está satisfecha de la disposición de los muebles; los (andar) (cambiar) cada dos por tres.

5. Lo que dices puede ser verdad, pero yo no lo (tener) (oír) nunca.

6. Se quedó viuda a los veintitrés años, y (volverse) (casar) a los veintiocho.

7. Como es un tema de la máxima actualidad, la radio (venir) (dar) la noticia cada media hora, desde que ocurrió el suceso.

8. Yo (seguir) (guardar) el coche en el garaje Granada desde que vine a vivir aquí.

9. (El) me (tener) (decir) que siguiera una dieta de verduras para eliminar el colesterol de la sangre.

10. Siempre (él) (andar) (utilizar) sus influencias para favorecer a sus protegidos, y por eso le acusaron de caciquismo.

6.—*Referencia: pág. 62, grupo (6) y (7).*

Ponga los dos infinitivos entre paréntesis en la forma que exija el contexto, y utilice una preposición en los casos que sea necesario.

1. Aunque es bastante mayor (deber) (estar) todavía soltero.

2. Entre los dos (nosotros venir) (ahorrar) 10.000 pesetas al mes.

3. Tengo una resaca espantosa porque anoche (hincharse) (beber) coñac.

4. Con la última subida de precios este aparato (venir) (costar) 15.000 pesetas.

5. Nunca debimos dejarle intervenir, porque (él hartarse) (decir) tonterías.

6. Este espectáculo (venir) (durar) dos horas.

7. ¿Qué hora es? (deber) (ser) las ocho de la tarde.

8. Cada vez que le veo (yo) (venir) (experimentar) la misma sensación de soledad que me produjo la primera vez que le vi.

9. Durante su juventud, (él inflarse) (escribir) poemas de amor.

10. A juzgar por las apariencias, (él) (deber) (saber) mucho.

7.—*Referencia: pág. 62, grupo (8).*

Ponga los dos infinitivos entre paréntesis en la forma que
exija el contexto y utilice una preposición en los casos que
sea necesario.

1. Los que (tener) (cobrar) la paga extraordinaria de
Navidad, hagan el favor de pasar por Habilitación
esta misma mañana.

2. "Ave, César, los que (haber) (morir), te saludan."

3. ¡(Haber) (ver) cómo vive la gente!

4. No les agradó su estancia en aquel pueblo; dicen
que ellos (tener) (soportar) muchos incidentes des-
agradables.

5. Me parece que para ampliar el negocio (haber) (hacer) algunas reformas en el local.

6. Más tarde o más temprano esto (haber) (saberse).

7. (Tener ustedes) (proporcionarme) los datos adecuados si quieren que colabore con ustedes en el proyecto.

8. Una vez que lleguemos allí no (haber) (preocuparse) por nada.

8.—*Referencia: pág. 61, grupo (1).*

Rellene los puntos con el verbo auxiliar, en el tiempo que exija el contexto y añádase la partícula de enlace donde sea necesaria. **(Verbos: echar; dar; romper; ir; ponerse; pasar; liarse; salir.)**

1. Cuando (él) .... empezar a hablar le interrumpieron los gritos de la calle.

2. Al ver a la policía, el ladrón .... correr.

3. Mi hijo mayor .... andar a los nueve meses.

4. ¡Vd. .... abriendo el equipaje mientras yo me aseo un poquito.

5. Un buen día le .... estudiar chino y todavía no lo ha dejado.

6. Después de esta breve introducción, yo ....
.... exponerles la razón por la que nos hemos reunido aquí.

7. Después de acceder a lo que habíamos planeado, (ella) .... diciendo que no estaba de acuerdo.

8. Si (tú) no .... trabajar en seguida, no podrás terminarlo a la hora prevista.

9. Los patitos .... nadar en cuanto el niño intentaba cogerlos.

10. Pedro .... comprar acciones de esa empresa como un loco, y acabó en la ruina.

9.—*Referencia: pág. 61, grupo (2).*

Rellene los puntos con el verbo auxiliar, con el tiempo que exija el contexto, y añádase la partícula de enlace donde sea necesaria. **(Verbos: llegar; dejar; acabar; tener; dar; quedar; salir.)**

1. Si continúas en Inglaterra, (tú) ....
casándote con una inglesa.

2. (Nosotros) .... llamarle por teléfono, cuando se presentó en casa.

3. Como (yo) .... echarle la vista encima, le echo una bronca.

4. (Nosotros) .... ir juntos al hospital.

5. ¡No tengas tanta prisa, cuando (yo) .... regadas las plantas, te acompaño!

6. Habíamos .... citados a las siete a la entrada del cine.

7. (El) me .... dicho que al salir cerrase todas las puertas y ventanas.

8. Eres tan olvidadizo que algún día .... perder hasta la cabeza.

9. El alcalde dijo: ¡(yo) .... terminada la sesión!

10. Si te asocias conmigo, te prometo que (tú) .... ganando.

10.—*Referencia: pág. 61, grupo (3).*

Rellene los puntos con el verbo auxiliar, en el tiempo que exija el contexto, y añádase la partícula de enlace donde sea necesaria. **(Verbos: seguir; quedar; tener; ir; andar; llevar.)**

1. Hasta ahora (nosotros .... viviendo sin grandes problemas en el nuevo barrio.

2. (El) .... durmiendo hasta las once y por eso llegó con media hora de retraso.

3. Ese tipo .... varios años profetizando el fin del mundo y ya nadie le hace caso.

4. Bernardo .... soportando toda clase de humillaciones desde que salió de la cárcel.

5. ¿Qué (tú) .... haciendo por aquí? ¿No decías que ibas a irte?

6. El sueño que tuve anteanoche me .... obsesionado.

7. Cuando nos marchamos, todavía (ellos) .... reunidos allí.

8. A pesar de que he cogido una semana de vacaciones, (yo) .... agotado.

9. (Nosotros) .... a los niños castigados sin ver la televisión durante toda la semana.

10. Me he levantado tan temprano que (yo) .... dormido todo el día.

11.—*Referencia: pág. 62, grupo (4).*

Rellene los puntos con el verbo auxiliar, en el tiempo que exija el contexto, y añádase la partícula de enlace donde sea necesaria. **(Verbos: ir; tener; llevar.)**

1. ¿Cuántos exámenes (Vd) .... corregidos?

2. Ya .... explicadas doce lecciones del programa.

3. (Yo) .... especificados todos los detalles de la operación en este papel.

4. (Nosotros) ....recorridos casi 200 km. cuando se nos estropeó el coche.

5. En la tienta, ... derribadas veinte reses, cuando hubo que suspender la operación porque empezó a llover.

6. (Ella) .... sufrido mucho en esta vida.

12.—*Referencia: pág. 62, grupo (5).*

Rellene los puntos con el verbo auxiliar, en el tiempo que exija el contexto y añádase la partícula de enlace donde sea necesaria. **(Verbos: andar; seguir; tener; volver; venir.)**

1. (Yo) le .... dicho a usted más de una vez que se comporte como es debido.

2. Creo que (él) ha .... ver la obra de teatro, porque decía que no la había entendido bien.

3. (Ellos) .... viniendo a vernos cada vez que tienen un rato libre.

4. Desde que se casaron (ellos) .... peleándose a todas horas.

5. Ese matrimonio .... saliendo a cenar fuera de casa dos veces al mes.

6. (Nosotros) .... hablar cuando regrese de Roma.

7. (El) me .... hecho muchos favores.

8. (Ellos) .... yendo a su casa de campo todos los fines de semana.

9. Estos días el guardia de mi barrio está muy quisquilloso; .... poniendo multas a todos los coches mal aparcados.

13.—*Referencia: pág. 62, grupo (8).*

Rellene los puntos con el verbo auxiliar, en el tiempo que exija el contexto. **(Verbos: tener; haber.)**

1. (Tú) .... que decidirte de una vez, porque la ocasión es única.

2. .... que darle todo tipo de explicaciones porque desconocía el funcionamiento del tractor.

3. .... de saber usted que todo esto lo hacemos por su bien.

4. (Ellos) aún .... de meterlo en la cárcel por lo que ha hecho.

5. .... que enterarse de si hay vuelos regulares a esa ciudad o no.

6. ¿Por qué .... de ser yo el que siempre pague los platos rotos?

7. El médico le dijo que (él) .... que cuidarse más o que se atuviera a las consecuencias.

8. ¡..................... que fastidiarse! ¡Mira que hacerme eso a mí después de lo que he hecho por ella!

14.—Referencia: pág. 61, grupo (1).

Rellene los puntos con el verbo auxiliar, en el tiempo que exija el contexto y añádase la partícula de enlace donde sea necesaria. (**Verbos: meterse; pasar; salir; ir; ponerse; liarse.**)

1. En cuanto tengamos tiempo y dinero .... dar la vuelta al mundo. ·

2. (Ellos) se .... enjuiciar nuestra actuación y se equivocaron de cabo a rabo.

3. Cuando menos nos lo esperábamos, Obdulia .... corriendo como alma que lleva el diablo.

4. Si después de todo lo dicho (nosotros) no .... actuar enérgicamente, nuestros socios no nos lo perdonarán nunca.

5. Si no .... usted a venir, ¿por qué no nos lo dice ahora?

6. Todos suponíamos que iba a darle las gracias por lo bien que se había portado con ella, pero (ella) .... quejándose de las humillaciones que había sufrido por su culpa.

7. Una vez que hayan aprobado el examen teórico (ustedes) .... realizar los ejercicios correspondientes al práctico.

8. Después de cenar (ellos) .... hablar y beber whisky y terminaron acostándose a las cinco de la mañana.

9. Vamos a distribuir el trabajo; ustedes dos .... preparando la pintura, y yo me encargaré de mezclarla.

10. En cuanto llegues a casa (tú) .... preparar la cena, para que todo esté listo cuando lleguen nuestros invitados.

15.—*Referencia: pág. 61, grupo (2).*

Rellene los puntos con el verbo auxiliar, en el tiempo que exija el contexto y añádase la partícula de enlace donde sea necesaria. **(Verbos: ir; salir; dejar; tener; acabar; dar; quedar.)**

1. (Yo) he .... encargado al conserje del hotel que me despierte a las siete y media.

2. Cuando ya habíamos pasado la inspección de aduanas, comunicaron por los altavoces del aeropuerto que (ellos) .... suspender el vuelo número 45 debido al mal estado del tiempo.

3. La verdad es que (yo) no .... ver nada claro en todo este asunto.

4. El manejo del calentador de gas .... aclarado en el adjunto folleto de instrucciones.

5. (El) .... atormentada a su novia con sus constantes e injustificados celos.

6. Aunque al principio ponían muchos peros, siempre (ellos) .... accediendo a sus deseos.

7. ¿Te parece bien que (nosotros) .... vernos después del almuerzo?

8. Con la falta de autoridad que el árbitro demostró en el campo, los dos equipos .... perdiendo.

9. Las cláusulas del contrato .... descritas con todo detalle en la copia que incluyo en mi carta.

10. Al final del acto, el rector pronunció unas palabras, con las cuales .... inaugurado el curso académico.

16.—*Referencia: pág. 61, grupo (3).*

Rellene los puntos con el verbo auxiliar, en el tiempo que exija el contexto y añádase la partícula de enlace donde sea necesaria **(Verbos: andar; quedar; ir; tener; traer; seguir; llevar.)**

1. Poco a poco, los investigadores .... desvelando los misterios que rodean al cáncer.

2. ¿Cuánto tiempo .... usted vendiendo máquinas de coser?

3. Ese albañil no tiene empleo fijo; .... haciendo chapuzas por las casas.

4. A pesar de lo que usted dice (nosotros) .... opinando que no es oro todo lo que reluce.

5. Largo rato después de haber partido el tren, todavía .... la novia suspirando y llorando por su novio.

6. Después del verano tan seco que hemos tenido, ... sin llover y los pantanos están al mínimo de su capacidad.

7. ¿No (vosotras) .... decidido ya qué vais a hacer durante las vacaciones de Semana Santa?

8. El juicio .... visto para sentencia.

9. A pesar de los cuidados y atenciones de todo tipo a que ha sido sometido (él) .... sintiéndose mal.

10. Su brillantez de exposición y sus dotes de conversa-
dor .... acomplejado a su hermano menor.

17.—*Referencia: pág. 62, grupo (5).*

Rellene los puntos con el verbo auxiliar, en el tiempo que
exija el contexto y añádase la partícula de enlace donde sea
necesaria. (**Verbos: andar; seguir; tener; volver; venir.**)

1. ¿Te ha .... doler la cabeza desde la
última vez que te vi?

2. Ultimamente me .... fastidiando mucho el comportamiento de ese amigo tuyo.

3. Esto .... ocurriendo sistemáticamente
desde hace ya varios meses.

4. (Nosotros) .... hablado de ello más de
una vez, pero nunca nos ponemos de acuerdo.

5. Es muy poco original; .... contando los
mismos chistes desde que le conozco.

6. Te ruego que (tú) no .... insistiendo
porque mi decisión es irrevocable.

18.—*Referencia: pág. 62, grupos (6) y (7).*

Rellene los puntos con el verbo auxiliar, en el tiempo que
exija el contexto y añádase la partícula de enlace donde sea
necesaria. (**Verbos: deber; venir; hincharse; hartarse; inflarse.**)

1. Todos los periódicos .... decir, después de darles muchas vueltas, que el ingreso en el Mercado Común es beneficioso para el país.

2. Hoy me he .... jugar al tenis; empecé a las nueve de la mañana y lo he dejado a mediodía.

3. No (él) .... tener nunca una perra, porque siempre anda dando sablazos a los amigos.

4. Con las cuatro pagas extraordinarias que me dan al año .... cobrar mensualmente 20.000 pesetas.

5. Desde que fichó al nuevo delantero centro, el equipo se .... marcar goles.

6. Las revistas que buscas .... andar por aquí, porque acabo de verlas hace un momento.

19.—*Referencia: pág. 61, grupo (1).*

Complétense las siguientes frases mediante la adición de un infinitivo, gerundio o participio y la partícula necesaria, según convenga. **(Verbos: contemplar; arreglar; reír; llorar; correr; comer; pagar; criticar; andar; entrar.)**

1. Maribel rompió .... sin justificación alguna.

2. Cuando íbamos .... la consumición, nos encontramos sin dinero.

89

3. Pasemos ahora, señores .... este espléndido paisaje.

4. Se echaron .... como locos, porque les contaron un chiste.

5. Siempre que me pongo .... me duele el estómago.

6. Ya sé que te metiste .... el coche y que lo estropeaste.

7. Salimos .... porque empezó a llover.

8. Todos mis hijos rompieron .... antes del año.

9. Vayan .... que va a empezar la función.

10. Está un poco chiflado, últimamente le da .... a todo el mundo.

20.—*Referencia: pág. 61, grupo (2).*

Complétense las siguientes frases mediante la adición de un infinitivo, gerundio o participio, y la partícula necesaria según convenga. (**Verbos: ver; tomar; tocar; comprar; ganar; hacer; sentar; decir; preparar; conseguir.**)

1. Nunca llegará .... el piano bien.

2. Aunque digas lo contrario, siempre acabas ....- .... lo que te sugiere tu mujer.

3. Quedamos .... a las cinco, pero no acudió a la cita.

4. Mi primo suele salir .... en todos los negocios que emprende.

5. No puedo aceptar su invitación, porque acabo .... una aspirina.

6. Les dejé .... que terminaran cuanto antes.

7. ¡Oye! ¿Acabaste .... la estufa que querían venderte?

8. Creemos que ese caballero llegará .... lo que se proponga.

9. Doy .... que todos ustedes conocen los rudimentos de la lengua española.

10. Cuando tengas .... la cena me avisas.

21.—*Referencia: pág. 61, grupo (3).*

Complétense las siguientes frases mediante la adición de un infinitivo, gerundio o participio, y la partícula necesaria según convenga: **(Verbos: estropear; pensar; enfadar; enterarse; entrar; meter; estampar; preocupar; contemplar; hablar.)**

1. Poco a poco, iban .... los invitados en el salón.

2. Crucita anda .... conmigo, porque no le he escrito.

3. Cuando ellos se fueron, nos quedamos .... el ir y venir de la multitud.

4. ¿Por qué no pones la radio? No la pongo porque sigue ....

5. ¿Dónde están los ladrones, sargento? Los tenemos .... en el calabozo, mi capitán.

6. Sigo .... que no tiene usted razón.

7. La enfermedad de su novio la traía ....

8. Ese señor lleva .... más de dos horas.

9. Su firma quedó .... en el libro de oro de la sociedad.

10. ¿A usted le ocurre lo que a mí? Yo sigo sin .... de lo que se habla aquí.

22.—*Referencia: pág. 62, grupo (4).*

Complétense las siguientes frases mediante la adición de un infinitivo, gerundio o participio, y la partícula necesaria según convenga. **(Verbos: vender; montar; traducir; reparar; recibir; escribir; enviar.)**

1. Hasta aquel momento iban .... 200 páginas del alemán al español.

2. Llevo .... 40 capítulos del libro.

3. ¿Cuántos coches van .... este año en el taller?

4. Llevamos .... 20 coches este año.

5. ¿Cuántos ascensores iban .... en el edificio cuando se paralizó la obra por falta de dinero?

6. Llevábamos .... hasta ese momento 50 armarios.

7. Por ahora van .... 30 tarjetas de navidad.

8. Mi hermano llevaba .... 30 tarjetas de navidad cuando se puso a contestarlas.

23.—*Referencia: pág. 62, grupo (5).*

Complétense las siguientes frases mediante la adición de un infinitivo, gerundio o participio, y la partícula necesaria según convenga. **(Verbos: jugar; robar; entender; criticar; escribir; beber; faltar; tratar; comer; dar.)**

1. Cuando vuelvas ...., dame noticias de nuestro común amigo Leonardo.

2. Le expulsaron de su empleo porque venía .... desde hacía mucho tiempo.

3. Ando .... de encontrar una persona idónea para realizar esta misión.

4. Tal vez tengas razón, pero yo no tengo ....
...... que Cándido sea como tú dices.

5. Cuando salí de allí seguían .... y supongo que se habrán emborrachado.

6. Venimos .... a la canasta desde hace varios meses.

7. No habíamos vuelto .... cochinillo hasta hoy.

8. Los recuerdo perfectamente; siempre andaban ....
.... a todo el mundo.

9. Anda hambriento; le tengo .... de comer en más de una ocasión.

10. No sigan ustedes .... a clase, porque si no tendré que suspenderles.

24.—*Referencia: pág. 62, grupo (6) y (7).*

Complétense las siguientes frases mediante la adición de un infinitivo, gerundio o participio, y la partícula necesaria según convenga. **(Verbos: tener; estar; oír; gastar; decir; vivir; producir; fumar.)**

1. Mi mujer viene .... 300 pesetas en la compra.

2. En esta fábrica se vienen .... tres aviones al mes.

3. Debía .... enfermo, porque llevaba una semana sin aparecer por la oficina.

4. ¿Fuma usted mucho?—Vendré .... ocho cigarrillos diarios.

5. Cuando se compró el tocadiscos nuevo se hinchó .... música durante el primer mes.

6. No lo leas, ese artículo viene .... lo que todos sabemos.

7. A juzgar por su aspecto, debía .... más de cuarenta años.

8. Por regla general los perros vienen .... de diez a quince años.

25.—*Referencia: pág. 62, grupo (8).*

Complétense las siguientes frases añadiendo un infinitivo, la partícula necesaria y todas las palabras que se consideren convenientes para completar el sentido.

1. Habrá .... antes de fin de mes.

2. Habrás .... cuanto antes mejor.

3. Han tenido .... conmigo.

4. Hay .... en punto.

5. Habrán tenido .... para llegar aquí.

6. Usted ha .... tan pronto como lo sepa.

7. Hubo .... a toda prisa.

8. Tuvieron .... contra su voluntad.

26.—*Referencia: pág. 61, grupo (1).*

Complétense las siguientes frases añadiendo un infinitivo o gerundio, la partícula necesaria y todas las palabras que se consideren convenientes para completar el sentido.

1. El pájaro (echar) ....

2. Dentro de breves momentos el profesor (pasar) ....

3. La niña (echarse) ....

4. El sordomudo (romper) ....

5. Ahora mismo (ir) ....

6. Los gamberros (salir) ....

7. Anteayer Lope (liarse) ....

8. A las nueve de la noche (ellos ponerse) ....

9. Ahora que es viejo (darle) ....

10. Al oír el chiste (romper) ....

11. Mientras hago la cena (tú ir) ....
....

27.—*Referencia: pág. 61, grupo (2).*

Complétense las siguientes frases añadiendo un infinitivo, gerundio o participio, la partícula necesaria y todas las palabras que se consideren convenientes para completar el sentido.

1. El maestro (tener) ....

2. Después del choque, los camiones (quedar) ....
....

3. Este cuadro (ir) ....

4. Yo (tener) ....

5. Si (él darse) ....

6. Lo (yo dejar) ....

7. Lo lamento, pero ellos (no acabar) ....
....

8. A pesar de lo que dices (tú acabar) ....
....

9. A las seis (nosotros quedar) ....
....

10. Antes de irse de vacaciones (ellos dejar) ....
....

28.—*Referencia: pág. 61, grupo (3).*

Complétense las siguientes frases añadiendo un infinitivo, gerundio o participio, la partícula necesaria y todas las palabras que se consideren convenientes para completar el sentido.

1. Cuando me fui de casa, tu hermana (quedar) ....
....

2. Como tiene la gripe (andar) ....
....

3. (Nosotros) (llevar) ....

4. Como no lo esperaban (ellos quedar) ....
....

5. Mientras yo me corto el pelo (ir tú) ....
....

6. Ya estábamos calados hasta los huesos y todavía (seguir) ....

7. Este asunto (traerles) ....

8. Presumen de buenas personas pero, en realidad, siempre (andar) ....

9. Tengo que ir en autobús porque mi coche (seguir)
....

10. No pudo ponerse la chaqueta a cuadros porque (te-
nerla) ....

11. Por más que les preguntábamos (ellos seguir sin)
....

29.—*Referencia: pág. 62, grupos (4) y (5).*

Complétense las siguientes frases añadiendo un infinitivo, gerundio o participio, la partícula necesaria y todas las
palabras que se consideren convenientes para completar el
sentido.

1. Este equipo (llevar) ....

2. En el partido de fútbol (ir) ....

3. En este viaje (nosotros llevar) ....
....

4. ¿Cuántos km. (tener usted) ....
....

5. Ya (ir) ....

6. Como le dijimos que cantaba muy mal (él volver)
....

7. Oigo voces. ¿Quién (andar) ....?

8. Como buenos españoles (nosotros tener) ....
....

9. Ultimamente la policía de tráfico (venir) ....
....

10. A pesar de que se cambiaron de domicilio (seguir)
....

30.—*Referencia: pág. 62, grupos (6), (7) y (8).*

Complétense las siguientes frases añadiendo un infinitivo, gerundio o participio, la partícula necesaria y todas las palabras que se consideren convenientes para completar el sentido.

1. Nadie sabía con seguridad el dinero que (él venir)
....

2. No (haber) ....

3. Las medicinas (deber) ....

4. Ayer se fue de compras y (ella inflarse) ....
....

5. Este autor (venir) ....

6. Después de todo (tú haber) ....
....

100

31.—*Referencia:* & 1, 2.

Sustitúyanse las estructuras verbales subrayadas por una perífrasis verbal equivalente. (**Verbos: ir; volver.**)

1. ¿Por qué se **suponía que tenía yo que** saludarles?

2. ¿Cómo **me crees capaz de** hacer una cosa así?

3. **Estoy completamente seguro de que no le regaló** un abrigo de visón.

4. **Estoy seguro de que** esos tipos **no son** médicos.

5. Me parece que **vendrán otra vez** la semana que viene.

6. Los actores **ensayaron de nuevo** la escena, porque les había salido mal.

7. Ya **estamos todos reunidos otra vez.**

8. Cuando le dijo el médico que ya estaba curado, **empezó a fumar otra vez.**

9. No he entendido bien, ¿quiere usted **repetirlo de nuevo?**

10. No **leeré (nunca) más** a ese autor.

32.—*Referencia:* & 2, 3, 5, 8 y 9.

Sustitúyanse las estructuras verbales subrayadas por una perífrasis verbal equivalente. **(Verbos: romper; ponerse; volver; meterse; echarse; echar.)**

1. No **compres más** esa marca.

2. No les **vimos más** desde el último congreso de hispanistas.

3. Ayer los albañiles **empezaron a trabajar** a las ocho de la mañana.

4. Cuando yo me levanté, mi mujer ya **había empezado** a hacer el desayuno.

5. Siempre que va a ver una película sentimental **se pone** a llorar como una loca.

6. Cuando les contó su cómica aventura, **se pusieron** a reír a carcajada limpia.

7. Al ver el jaleo que se había armado en plena calle, algunos transeúntes **empezaron** a correr.

8. Cuando vieron que el sordomudo **empezaba** a hablar, todos gritaron, ¡milagro!, ¡milagro!

9. Ante tales amenazas, el pobre hombre **se puso** a temblar como una vara verde.

10. Estábamos en pleno campo y, **de repente, se puso** a llover.

11. **Se ha puesto a arreglar** el coche y ha terminado por estropearlo más.

12. Tu padre tiene mucha costumbre de **empezar a dar consejos** a todo el mundo sin saber si éstos son bien o mal recibidos.

33.—*Referencia:* & 4.

Sustitúyanse las estructuras verbales subrayadas por una perífrasis verbal equivalente. **(Verbo: llegar.)**

1. Por mucho que lo intentes, nunca **conseguirás ganar** el gordo de Navidad, porque eres la persona con menos suerte que conozco.

2. Lo vi tan necesitado que **incluso le regalé** mi abrigo.

3. Su comportamiento me resultó tan desagradable que **incluso le llamé** la atención.

4. **Finalmente,** después de muchas explicaciones **vio** las cosas claras.

5. Menos mal que, **al fin, te encontré.**

6. ¿Cómo quieres que salga con él, si ese chico nunca **ha conseguido** interesarme?

7. Aunque al principio no le gustaba, **finalmente se enamoró** de ella.

8. Casi **estuvimos a punto de chocar,** pero, gracias a Dios, no pasó nada.

9. Conste que **si no hubiese estado** con la gripe, **te hubiese** llevado a la exposición de pintura abstracta.

10. **Si lo hubiese sabido** antes, no vengo.

34.—*Referencia:* & 4, 6 y 7.

Sustitúyanse las estructuras verbales subrayadas por una perífrasis verbal equivalente. **(Verbos: venir; llegar; pasar.)**

1. Me alegro de que me lo adviertas, porque **si hubiese dicho** lo que pensaba...

2. ¡Hay que ver lo que llueve! **¡Si no hubiera traído** el paraguas..!

3. El capataz le dijo que **si hubiera vuelto a faltar** al trabajo, **le habrían echado.**

4. Los ciclistas **se entrenan por término medio unas** cuatro horas diarias.

5. Con la subida de sueldos **cobrarás aproximadamente** 20.000 pesetas.

6. Tanto ustedes como nosotros **sospechábamos más o menos** lo mismo, pero no lo manifestamos.

7. El nuevo pantano **solucionará (servirá para solucionar)** el problema del abastecimiento de aguas de la capital.

8. El premio que le concedieron **cubrió (sirvió para cubrir)** todas sus necesidades.

9. El accidente que sufrió **estropeó** todos sus proyectos.

10. El profesor dijo a sus alumnos: "Una vez explicada la teoría de la relatividad, **vamos a ver** sus aplicaciones prácticas".

35.—*Referencia:* & 10, 11 y 12.

Sustitúyanse las estructuras verbales subrayadas por una perífrasis verbal equivalente. **(Verbos: liarse; acabar; hincharse; hartarse.)**

1. No me extraña que te duela el estómago, porque ayer **comiste una barbaridad.**

2. Como estábamos en San Sebastián durante el último festival de cine, **vimos muchísimas** películas.

3. Cada vez que mando a la chica a algún recado, **empieza a hablar** y hablar con las otras muchachas, y tarda dos horas en volver.

4. Disculpa mi tardanza, pero ya sabes que cuando me reúno con los amigos **nos ponemos a comentar** los problemas de la oficina y perdemos la noción del tiempo.

5. Ayer, dos tipos que estaban en el bar **empezaron a darse** bofetadas sin ninguna razón aparente.

6. **Hace un momento que me enteré de** su llegada.

7. **Ahora mismo hemos visto** a la persona que buscabas.

8. **Hacía un momento que se le había declarado** y ya estaban riñendo.

9. La explicación que me das **no me satisface por completo.**

10. Algunos invitados **no llegaban** y el anfitrión empezaba a impacientarse.

36.—*Referencia:* & 12, 13 y 14.

Sustitúyanse las estructuras verbales subrayadas por una perífrasis verbal equivalente. **(Verbos: tener; acabar; haber.)**

1. Para mí tiene un gran defecto y es que **no sé con seguridad** lo que piensa.

2. **Hacía muy poco que había sacado** el coche del garaje y ya estaba estropeado.

3. No **puedo comprender (no comprendo muy bien)** cómo dos personas tan distintas se llevan tan bien.

4. Por mucho que trate de imaginármelo **me resulta difícil ver** a mi hermana casada y con hijos.

5. A pesar de sus esfuerzos, la policía **no conseguía descubrir** al culpable del horroroso crimen, y la opinión pública empezaba a impacientarse.

6. Los médicos **no conseguían diagnosticar** la enfermedad del pequeño y la madre estaba como loca.

7. ¿Por qué **hemos de ser** siempre nosotros los que paguemos el pato?

8. ¡Pero es que siempre **has de ser** tú el que nos plantee problemas!

9. No desespere usted; **ha de llegar** el día en que todo se solucione.

10. Pues entonces, dígame usted cómo **tengo que hacerlo.**

37.—*Referencia:* & 15, 17 y 18.

Sustitúyanse las estructuras verbales subrayadas por una perífrasis verbal equivalente. **(Verbos: haber; dejar; dar.)**

1. Para conocer a fondo un país **es necesario vivir** en él durante mucho tiempo.

2. Si queremos ahorrar dinero para irnos de vacaciones **será necesario trabajar mucho.**

3. Para ponerse delante de un toro **hace falta tener** mucho valor.

4. Hoy en día **uno tiene que saber** hacer de todo.

5. En estos últimos años a los españoles **les ha entrado la manía de poner** en sus casas un árbol de Navidad en vez del tradicional nacimiento.

6. Ultimamente **sólo piensa** en la pesca.

7. Cuando le conocimos **sólo pensaba en pintar;** hoy día, según parece, ha cambiado y **siente una afición desmedida por la** música.

8. Hace un mes que **ya no leo** la prensa de la tarde.

9. **Por favor, avíseme usted** en cuanto tenga noticias.

10. **No volvimos más** al bar de la esquina, porque siempre estaba abarrotado.

38.—*Referencia:* & 16 y 19.

Sustitúyanse las estructuras verbales subrayadas por una perífrasis verbal equivalente. **(Verbos: quedar; deber.)**

1. Está muy pálido, **seguramente está** malo.

2. **Es muy posible que haya subido** el tabaco en este tiempo que he pasado fuera del país.

3. **Tendrá unos** 40 años.

4. **Se comprometió a buscarme** trabajo si me echaban de mi actual empleo.

5. **Hemos acordado firmar** el contrato mañana a mediodía.

6. **Nos pusimos de acuerdo para** guardar el secreto.

39.—*Referencia:* & 18, 20.

Sustitúyanse las estructuras verbales subrayadas por una perífrasis verbal equivalente. **(Verbos: ir; dejar.)**

1. **Perdimos la oportunidad de ganar** mucho dinero en aquel negocio por no querer arriesgarnos.

2. Aunque viven en el extranjero **han estado continuamente** en contacto conmigo.

3. Si vais a Londres, **no os olvidéis, por favor, de llamar** a la hermana que tengo allí.

4. La situación política en el Oriente Medio **empeora de día en día.**

5. Estamos en noviembre y, como es natural, los días **se hacen cada vez** más cortos.

6. Mientras yo llamo por teléfono, **empieza a cerrar** las maletas.

7. El pobre anciano **subía las escaleras lentamente.**

8. **Ya comprenderás poco a poco** que el alma humana es muy compleja.

9. **Poco a poco y con dificultad superan** sus defectos.

10. Por favor, señorita, mientras yo atiendo a este cliente, **empiece usted a abrir** la correspondencia.

40.—*Referencia:* & 21, 22.

Sustitúyanse las estructuras verbales subrayadas por una perífrasis verbal equivalente. **(Verbos: venir, seguir.)**

1. Accidentes de este tipo **ocurren últimamente con cierta frecuencia** en las carreteras españolas.

2. Por aquel entonces en París, lo mismo que en otras capitales europeas, **se estaban sustituyendo desde hacía algún tiempo** los tranvías por autobuses.

3. Estos hombres que ves ahí, **juegan** al balonmano desde la niñez y todavía están en forma.

4. Me **estuvo dando** la lata durante todo el trayecto.

115

5. Tú, que has estado hace poco en España, ¿**da todavía** la tuna serenatas por las calles salmantinas?

6. El policía ordenó a los peatones que se pararan, pero ellos no le hicieron caso y **continuaron andando.**

7. No tiene facilidad para las lenguas, lleva en Rusia veinte años y **todavía no habla** ruso.

8. **¿Aún vives** en el mismo piso? Creí que ya te habías mudado.

9. Llevábamos más de media hora hablando y **aún no me había contado** lo que me interesaba.

10. ¿Pero es que **todavía no has comprendido** ese juego? ¡Si es sencillísimo!

41.—*Referencia:* & 23, 24.

Sustitúyanse las estructuras verbales subrayadas por una perífrasis verbal equivalente. **(Verbos: llevar; andar.)**

1. Te advierto que tu portero **va diciendo por ahí** que no pagas el alquiler.

2. El hijo del cerillero no tiene empleo fijo; la última vez que le vimos **iba vendiendo** corbatas por la calle.

3. Es un guasón, siempre **está burlándose** de todo el mundo.

4. ¿Dónde te habías metido? **Estuve buscándote** por todas partes y no hubo medio de dar contigo.

5. No seáis malos, ¿por qué tenéis que **estar continuamente haciendo rabiar** al perro.

6. Por favor, **no vayan conduciendo** como locos por ahí.

7. **Hacía dos horas que estaba esquiando** cuando anunciaron por los altavoces que el estado de las pistas era peligroso.

8. ¿Cuánto tiempo **hace que me espera? Estoy esperándole desde** hace media hora.

9. **Hacía bastante tiempo que estaban inyectándole** estreptomicina, y el paciente no mejoraba.

10. ¿Cuánto tiempo **habían estado actuando ya** cuando nosotros llegamos?

42.—*Referencia:* & 25, 26, 27.

Sustitúyanse las estructuras verbales subrayadas por una perífrasis verbal equivalente. (**Verbos: acabar; salir; quedar.**)

1. Al oír los disparos la gente **echó a correr** en todas direcciones.

2. Cuando menos lo esperábamos, **dijo de buenas a primeras** que estaba harto de estar allí.

3. La gente audaz y con pocos escrúpulos siempre **gana al final** en el mundo de los negocios.

4. Si no sigues mi consejo, peor para ti; porque te garantizo que **acabarás perdiendo.**

5. Como teníamos prisa, nosotros nos fuimos de la playa, pero ellos **permanecieron allí bañándose.**

6. Un rasgo típico de los países mediterráneos es ver cómo la gente **se para a observar** cualquier incidente callejero.

7. Tengo mucho sueño porque **estuve trabajando** toda la noche.

8. Podéis iros un rato, yo **estaré aquí esperando** a los que faltan.

9. Eres muy terco, pero yo sé que **al final me darás** la razón.

10. Si continúas conduciendo a estas velocidades, **acabarás por estrellarte** contra un árbol.

11. **Terminaron por aceptar** el resultado de la votación, a pesar de no estar de acuerdo con el procedimiento utilizado.

43.—*Referencia:* & 28 y 29.

Sustitúyanse las estructuras verbales subrayadas por una perífrasis verbal equivalente. **(Verbos: andar; ir.)**

1. Me extrañó mucho que **estuviese tan despeinada,** cuando años atrás había sido una de las ganadoras del concurso de elegancia femenina.

2. Hay muchas mujeres que gastan un dineral en artículos de belleza, porque les gusta **estar siempre muy arregladas.**

3. Al final del viaje ya **estábamos cansados.**

4. Cinco de los alumnos que tenía **estaban adelantados** con respecto al resto de la clase.

5. Con ésta que vamos a ver ahora **ya han sido proyectadas hasta el momento** 10 películas sobre el mismo tema.

6. **Hasta el presente, han sido recogidas** más de 250 firmas de adhesión al homenaje tributado al ilustre dramaturgo.

7. En aquellas elecciones, **habían sido anulados ya más** de tres mil votos por irregularidades cometidas en las urnas.

8. Debido a su fracaso en las últimas oposiciones, **está desanimado.**

9. La juventud actual **va vestida** a veces de una manera extravagante.

10. Desde que se murieron sus padres, **están perdidos** en el mundo.

44.—*Referencia:* & 30 y 31.

Sustitúyanse las estructuras verbales subrayadas por una perífrasis verbal equivalente. **(Verbos: seguir, llevar.)**

1. Cesó la alarma, pero todo el mundo **estaba todavía atemorizado.**

2. Es muy extraño que esta casa **esté todavía desalquilada.**

3. ¿Habéis arreglado por fin el enchufe? Pues no, **está todavía estropeado.**

4. A pesar de que había salido el sol hacía ya un rato, las calles **aún estaban mojadas.**

5. ¿Ya están las niñas dormiditas? ¡Qué va!, **todavía están despiertas.**

6. **Hemos recorrido ya** muchos bazares y aún no hemos encontrado los juguetes que andábamos buscando.

7. Andaba muy preocupada, ya **había consultado a muchos médicos** y ninguno le había podido diagnosticar su enfermedad.

8. **Hacía más de una hora que estábamos sentados** en la sala de espera cuando, por fin, llegó el tren.

9. Cuando yo me fui, **ya habían jugado** cuatro partidas de bolos.

10. ¿Cuántas excursiones **has organizado ya** este año?

45.—*Referencia:* & 32.

Sustitúyanse las estructuras verbales subrayadas por una perífrasis verbal equivalente. **(Verbo: tener.)**

1. **He observado más de una vez** que la contaminación atmosférica en las grandes ciudades aumenta durante el invierno.

2. Ese tipo de problemas ya los **he superado.**

3. **Me ha encargado** más de un transistor con motivo de mis viajes a Canarias.

4. **Hemos atado** a los perros, porque según rumores han mordido al cartero.

5. Lo que acabas de decir no lo **he oído muy a menudo.**

6. El luchador **había agarrado** a su contrincante por el cuello y no lo soltaba.

7. Vamos a dejarlo, porque estas cosas ya las **he discutido muchas veces** contigo.

8. Menos mal que ya **he preparado** las lecciones para mañana.

9. Quiero que **hayan barnizado** estos muebles antes de las siete de la tarde.

10. **Nos han dicho** que tus hijas están estudiando en el extranjero.

46.—*Referencia:* & 33, 34.

Sustitúyanse las estructuras verbales subrayadas por una perífrasis verbal equivalente **(Verbos: quedar; traer.)**

1. Las últimas declaraciones del jefe de gobierno **preocupan mucho** a la opinión pública.

2. En la década de los 60, los éxitos espaciales **tenían entusiasmados** a los científicos de todo el mundo.

3. En nuestra anterior reunión ya **había sido solventado** el asunto que a usted le interesa.

4. **Le aviso a usted que** el próximo claustro de profesores tendrá lugar antes de fin de mes.

5. Todo lo que aquí se ha dicho **será corroborado** palabra por palabra cuando venga el doctor Bermúdez, jefe de nuestro laboratorio central.

6. El edificio de apartamentos **se terminó** antes del plazo previsto por el arquitecto.

7. Si esto no **se ha explicado suficientemente,** por favor hagan ustedes cuantas preguntas estimen oportunas.

8. He leído con sorpresa, en la Sección de Sucesos de los periódicos, que el Colegio de los Hermanos Maristas, donde estudié el Bachillerato, **fue destruido** por un voraz incendio hace dos días.

47.—*Referencia:* & 35, 36.

Sustitúyanse las estructuras verbales subrayadas por una perífrasis verbal equivalente. **(Verbos: dejar; dar.)**

1. Las impresiones que me dio de su viaje a Nueva Zelanda, **me maravillaron,** porque no podía ni siquiera sospechar el fabuloso nivel de vida que disfrutan estas islas.

2. La interpretación que dio el crítico a aquella obra de Galdós **me asombró** por su agudeza y sensibilidad literaria.

3. Estoy furioso con ella porque ayer **no vino a la cita.**

4. Para abordar el tema de esta conferencia hay que **considerar que debe de saberse** lo explicado el trimestre anterior.

5. Con la intervención de los payasos **se puso fin** a la función de tarde del circo americano.

6. Si ha dicho que él va a hacer eso, **no te quepa la menor duda de que lo hará.**

SOLUCIONES A LOS EJERCICIOS

1.— 1. Se metieron a trabajar.— 2. Voy a ingresar.— 3. Vayan entrando.— 4. me eché a temblar.— 5. rompió a hablar.— 6. salieron huyendo.— 7. paso a enumerar.— 8. dio por hacer.— 9. se pone a componer.— 10. se líe a hablar.

2.— 1. acabó por encontrar.— 2. tengo leído.— 3. llegaron a manifestarles.— 4. acababan de cenar.— 5. quedado en consultar.— 6. dejaré arreglados.— 7. quedó excluido.— 8. acabó pagando.— 9. irá encuadernado.— 10. doy por sabido.

3.— 1. fuimos hablando.— 2. quedamos contemplando.— 3. sigue empeñado.— 4. ando pensando.— 5. anda convencido.— 6. tienen fascinados.— 7. seguimos enfadados.— 8. traen desorientada.— 9. quedan expuestos.— 10. andaban cortando.

4.— 1. llevaba cambiados.— 2. van realizadas.— 3. tiene jugados.— 4. iban fabricados.— 5. llevamos montados.— 6. tengo matriculados.

5.— 1. vuelvas a hacer.— 2. viene suministrando.— 3. sigue adoleciendo.— 4. anda cambiando.— 5. tengo oído.— 6. se volvió a casar.— 7. viene dando.— 8. sigo guardando.— 9. tenía dicho.— 10. andaba utilizando.

6.— 1. debe de estar.— 2. venimos a ahorrar.— 3. me hinché a beber.— 4. viene a costar.— 5. se hartó de decir.— 6. viene a durar.— 7. deben de ser.— 8. vengo a experimentar.— 9. se ha inflado (se infló) a escribir.— 10. debe de saber mucho.

7.— 1. tengan que cobrar.— 2. han de morir.— 3. Hay que ver.— 4. tuvieron (tenían) que soportar.— 5. hay que hacer.— 6. ha (habrá) de saberse.— 7. tienen que proporcionarme.— 8. habrá que preocuparse.

8.— 1. Iba a.— 2. echó a.— 3. rompió a.— 4. vaya.— 5. dio por.— 6. paso a.— 7. salió.— 8. te pones a.— 9. echaban a.— 10. Se lió a.

9.— 1. acabarás.— 2. acabábamos de.— 3. llegue a.— 4. quedamos en.— 5. tenga.— 6. quedado.— 7. dejó.— 8. acabarás por.— 9. doy por.— 10. saldrás.

10.—1. vamos.— 2. se quedó.— 3. lleva.— 4. sigue.— 5. andas.— 6. tiene (trae).— 7. quedaban (seguían).— 8. sigo.— 9. tenemos.— 10. ando.

11.— 1. lleva.— 2. van.— 3. tengo.— 4. llevábamos.— 5. iban.— 6. tiene.

12.— 1. tengo.— 2. vuelto a.— 3. siguen.— 4. andan.— 5. viene.— 6. volveremos a.— 7. tiene.— 8. vienen.— 9. anda.

130

13.— 1. tienes.— 2. hubo.— 3. ha.— 4. han.— 5. hay.—
6. he.— 7. tenía.— 8. hay.

14.— 1. iremos a.— 2. metieron a.— 3. salió.— 4. pasamos a.— 5. va.— 6. salió.— 7. pasarán a.— 8. se liaron a.—
9. vayan.— 10. ponte a.

15.— 1. dejado.— 2. acababan de.— 3. acabo de.—
4. va.— 5. tiene.— 6. acababan.— 7. quedemos en.— 8. salieron.— 9. quedan (van).— 10. dio por.

16.— 1. van.— 2. lleva.— 3. anda.— 4. seguimos.—
5. quedó (quedaba).— 6. sigue.— 7. tenéis.— 8. queda.—
9. sigue.— 10. traen (tienen).

17.— 1. vuelto a.— 2. anda.— 3. viene.— 4. tenemos.—
5. viene.— 6. sigas.

18.— 1. vienen a.— 2. hartado de (hinchado, inflado a).—
3. debe de.— 4. vengo a.— 5. hincha a.— 6. deben.

19.— 1. a llorar.— 2. a pagar.— 3. a contemplar.— 4. a
reír.— 5. a comer.— 6. a arreglar.— 7. corriendo.— 8. a andar.— 9. entrando.— 10. por criticar.

20.— 1. a tocar.— 2. haciendo (por hacer).— 3. en vernos.— 4. ganando (perdiendo).— 5. de tomar.— 6. dicho.—
7. por comprar (comprando).— 8. a conseguir.— 9. por sentado (supuesto).— 10. preparada.

21.— 1. entrando.— 2. enfadada.— 3. contemplando.—
4. estropeada.— 5. metidos.— 6. pensando.— 7. preocupada.— 8. hablando.— 9. estampada.— 10. enterarme.

22.— 1. traducidas.— 2. escritos.— 3. reparados.— 4. vendidos.— 5. instalados.— 6. montados.— 7. enviadas (mandadas).— 8. recibidas.

23.— 1. a escribir.— 2. robando.— 3. tratando.— 4. entendido.— 5. bebiendo.— 6. jugando.— 7. a comer.— 8. criticando.— 9. dado.— 10. faltando.

24.— 1. a gastar.— 2. a producir.— 3. de estar.— 4. a fumar.— 5. a oír.— 6. a decir.— 7. de tener.— 8. a vivir.

25.— 1. que terminar la obra.— 2. de casarte.— 3. que transigir.— 4. que llegar.— 5. que coger un metro y dos autobuses.— 6. de comunicármelo.— 7. que levantarse.— 8. que ceder.

26.— 1. echó a volar.— 2. pasará a dar las soluciones.— 3. se echó a llorar.— 4. rompió a hablar después de la operación.— 5. voy a llamarla.— 6. salieron corriendo al ver al guardia.— 7. Se lió a beber whisky y terminó borracho.— 8. se pusieron a ver la televisión.— 9. le da por ir a las salas de fiesta.— 10. rompió a reír.— 11. vete a comprar el vino.

27.— 1. tenía corregidos ya los ejercicios.— 2. quedaron volcados.— 3. va pintado al óleo.— 4. tengo resuelto lo que he de hacer ya.— 5. se da por ofendido, peor para él.— 6. dejaré terminado.— 7. no acaban de convencerme.— 8. acabarás por transigir.— 9. hemos quedado en ir al circo con los niños.— 10. dejaron fijado el precio del apartamento.

28.— 1. quedaba durmiendo.— 2. anda fastidiada.— 3. llevamos viviendo aquí dos meses.— 4. se quedaron sorprendidos.— 5. tú vas sacando la ropa de la maleta.—

132

6. seguía lloviendo.— 7. les trae descorazonados.— 8. molestando al prójimo.— 9. sigue estropeado.— 10. la tenía mojada.— 11. seguían sin contestar.

29.— 1. lleva marcados ya cinco goles.— 2. van pitados dos penalties.— 3. llevamos recorridos ya 500 kilómetros.— 4. tiene hechos.— 5. van vendidos 2.000 ejemplares del libro.— 6. volvió a repetir la canción.— 7. andará hablando por ahí.— 8. tenemos viajado por todas las regiones.— 9. viene poniendo muchas multas en carretera.— 10. siguen apareciendo con el anterior en la guía de teléfonos.

30.— 1. venía a ganar.— 2. hay que desesperarse por tan poca cosa.— 3. deberían de ser más baratas.— 4. se infló a comprar de todo.— 5. viene a escribir una novela al año.— 6. has de saber que no es oro todo lo que reluce.

31.— 1. ¿por qué iba yo a saludarles?— 2. ¡Cómo iba yo a hacer ....!— 3. ¡Qué va a regalarle ....!— 4. ¡Qué (cómo) van a ser médicos esos tipos!— 5. .... que volverán a venir.— 6. .... volvieron a ensayar.— 7. Ya volvemos a estar todos reunidos.— 8. .... volvió a fumar.— 9. .... ¿quiere usted volverlo a repetir?— 10. No volveré a leer ....

32.— 1. No vuelvas a comprar ....— 2. No volvimos a verles ....— 3. Se pusieron a trabajar ....— 4. .... se había puesto a hacer ....— 5. .... se echa a llorar ....— ....— 6. .... se echaron a reír ....— 7. .... echaron a correr ....— 8. .... rompía a hablar ....— 9. .... se hechó a temblar ....— 10. rompió a llover.— 11. Se

ha metido a arreglar ....— 12. meterse a dar ....
....

33.— 1. .... llegarás a ganar ....—
2. ..,.................... llegué a regalarle ....— 3. ....
.... llegué a llamarle ....— 4. ....
llegó a ver ....— 5. .... llegué a encon-
trarte.— 6. .... ha llegado a interesarme?—
7. .... llegó a enamorarse ....— 8. Casi
llegamos a chocar ....— 9. Si no llego a estar ....
.... te llevo ....— 10. Si llego a saberlo.

34.— 1. .... si llego a decir ....—
2. .... ¡Si no llego a traer ....— 3. ....
.... si llega a volver a faltar .... le echan.—
4. .... vienen a entrenarse ....— 5. ....
.... vendrás a cobrar ....— 6. ....
veníamos a sospechar.— 7. .... vendrá a solucionar ....— 8. .... vino a cubrir ....
..........— 9. .... vino a estropear ....—
10. .... pasemos a ver ....

35.— 1. .... te hinchaste a comer.— 2. ....
.... nos hartamos a (inflamos a) ver películas.— 3. ....
.... se harta (se hincha a) hablar ....— 4. ....
.... nos liamos a comentar ....— 5. ....
...... se liaron a darse ....— 6. .... acabo
de enterarme ....— 7. .... acabamos de
ver ....— 8. .... acaba de declarársele
...................— 9. .... no acaba de satisfacerme
...................— 10. .... no acaban de llegar ....
....

134

36.— 1. .... no acabo de saber ....—
2. .... acababa de sacar ....— 3. no
acabo de comprender ....— 4. .... no
acabo de ver ....— 5. .... no acababa de
descubrir ....— 6. .... no acababan de
diagnosticar ....— 7. .... tenemos que
ser ....— 8. .... tienes que ser ....
..........— 9. .... tiene que llegar ....—
10. .... he de hacerlo.

37.— 1. .... hay que vivir.— 2. ....
habrá que ....— 3. ....hay que
....................— 4. .... hay que saber ....
..........— 5. .... les ha dado por poner ....—
6. .... le ha dado por ....— 7. ....
...... le daba por pintar .... le ha dado por la
música.— 8. .... que dejé de leer ....—
9. No deje usted de avisarme ....— 10. Dejamos de
ir ....

38.— 1. .... debe de estar ....—
2. debe de haber subido ....— 3. debe de tener
....................— 4. quedó en buscarme ....— 5. hemos quedado en formar ....— 6. quedamos en
guardar ....

39.— 1. Dejamos de ganar ....— 2. .... no
han dejado de estar ....— 3. .... no dejéis
de llamar ....— 4. .... va em-
peorando.— 5. .... se van haciendo ....—
6. .... vete cerrando ....— 7. ....
...... iba subiendo ....— 8. Ya irás comprendiendo
....................— 9. .... van superando ....—
10. .... vaya usted abriendo ....

40.— 1. .... vienen ocurriendo ....—
2. .... se venían sustituyendo ....— 3. ......
.... vienen jugando ....— 4. me vino dando
.................— 5. .... sigue dando ....—
6. ....siguiero andando— 7. ....Sigue sin hablar
8. ¿Sigues viviendo ....— 9. ....
seguía sin contarme ....— 10. .... sigues sin comprender ....

41.— 1. .... anda diciendo ....—
2. .... andaba vendiendo ....— 3. ....
.... anda burlándose ....— 4. .... an-
duve buscándote ....— 5. .... andar haciendo rabiar ....— 6. .... anden
conduciendo ....— 7. Llevaba dos horas esquiando
...............— 8. .... lleva esperándome? Llevo
media hora esperándole.— 9. Llevaban bastante tiempo inyectándole.— 10. .... llevaban actuando ....

42.— 1. .... salió corriendo ....—
2. .... salió diciendo ....— 3. ....
sale ganando ....— 4. .... saldrás
perdiendo.— 5. .... quedaron allí bañándose.—
6. .... se queda observando ....— 7. ....
.... me quedé trabajando ....— 8. ....
me quedaré esperando ....— 9. .... acabarás dándome (por darme) ....— 10. ....
acabarás por estrellarte (estrellándote) ....—
11. Acabaron aceptando (por aceptar) ....

43.— 1. .... fuese tan despeinada ....—
2. .... ir siempre muy arregladas.— 3. ....
íbamos cansados.— 4. .... iban adelantados
...............— 5. .... van proyectadas ....—
6. .... van recogidas ....— 7. ....

136

.... iban anulados ....— 8. .... anda desanimado.— 9. .... anda vestida ....— 10. .... andan perdidos.

44.— 1. .... seguía atemorizado.— 2. .... siga desalquilada.— 3. .... sigue estropeado.— 4. .... seguían mojadas.— 5. .... siguen despiertas.— 6. Llevamos recorridos ....— 7. .... llevaba consultado(s) a ....— 8. Llevábamos más de una hora sentados ....— 9. .... llevaban jugadas ....— 10. .... llevas organizadas ....

45.— 1. Tengo observado ....— 2. .... tengo superados.— 3. Me tiene encargado ....— 4. Tenemos atados ....— 5. .... no lo tengo (tenía) oído.— 6. .... tenía agarrado ....— 7. .... ya las tengo discutido (as)...............— 8. .... tengo preparadas ....— 9. .... tengan barnizados ....— 10. Nos tienen dicho ....

46.— 1. .... traen preocupada ....— 2. .... traían entusiasmados ....— 3. .... quedó solventado ....— 4. Queda usted avisado de que ....— 5. .... quedará corroborado ....— 6. .... quedó terminado ....— 7. .... quedó explicado ....— 8. .... quedó destruido ....

47.— 1. .... me dejaron maravillado ....— 2. .... me dejó asombrado.— 3. .... me dejó plantado.— 4. .... dar por sabido ....— 5. .... se dio por terminada ....— 6. .... dalo por hecho.

BIBLIOGRAFÍA

Como ya indicamos en la Introducción, nos limitamos a dar aquí una pequeña serie de títulos que encaminen al estudioso interesado en el campo de las frases verbales.

OBRAS BÁSICAS DE CONSULTA

ROCA PONS, J.:

Estudios sobre perífrasis verbales del español.
R. F. E., Anejo LXVII. Madrid, 1958.
«Dejar + participio». R. F. E., Tomo XXXIX, 1955. Cuadernos 1.º-4.º, págs. 151-185.

GILI Y GAYA, S.:

Curso superior de sintaxis española. Barcelona, Spes, 1961.

SPAULDING, R. K.:

History and Syntax of the Progressive Constructions in Spanish. Berkeley University of California, XIII, n. 3, 1926, págs. 229-284.

CHMELICEK, H.:

Die Gerundialumschreibung im Altspanischen zum Ausdruck von Aktionsarten. Hamburg (Romanisches Seminar), 1930, VIII-102.

BELLO, A., y CUERVO, R.:

Gramática de la lengua castellana. Buenos Aires, Sopena, 1960 (6.ª ed.).

MOLINER, M.:

Diccionario de uso del español. Madrid, Gredos, 1966.

OTROS ESTUDIOS Y MONOGRAFÍAS

ALONSO, A.:

Estudios lingüísticos (Biblioteca Románica Hispánica, II). Madrid, Gredos, 1951.

LORENZO, E.:

El español de hoy, lengua en ebullición. Madrid, Gredos, 1966.

COSTE, J., y REDONDO, A.:

Syntaxe de l'espagnol moderne. París, Sedes, 1965.

GILLET, J. E.:

«Le transitif espagnol 'quedar'». *Archivum Romanicum,* 1936, XIX, págs. 441-2.

GÓMEZ, L.:

«La estilística en las perífrasis verbales», en homenaje universitario a Dámaso Alonso. Gredos, 1970, págs. 85-96.

KANY, C. E.:

American-Spanish Syntax. Chicago, The University of Chicago Press, 1951 (2.ª ed.).

LOPE BLANCH, J. M.:

«Construcciones de infinitivo», *NRFH,* X, 1956, págs. 313-316.

Meier, H.:

«Está enamorado-anda enamorado», *V. K. R.*, VI, 1933, pág. 306.

Navas Ruiz, R.:

«Ser y estar: estudio sobre el sistema atributivo del español», Salamanca, *Acta salmanticensia*, Tomo XVII, núm. 3, 1963, páginas 199-202.

Pottier, B.:

«Sobre el concepto del verbo auxiliar», *Rev. Filol. Hisp.*, año XV, 1961, núms. 3-4, págs. 325-331.

Rojo, G.:

Perífrasis verbales en el gallego actual. VERBA. Anuario gallego de filología, anejo 2. Universidad de Santiago de Compostela, 1974.

Para una bibliografía más completa y actualizada véase:

Fente, R.:

Estilística del verbo en inglés y en español, Madrid, Sociedad General Española de Librería, S. A., 1971.

ÍNDICE

CURSO INTENSIVO DE ESPAÑOL

GRAMATICA

Niveles elemental e intermedio.—Fernández, Siles, Fente.

EJERCICIOS PRACTICOS

Niveles de **iniciación** y elemental.—Fente, Fernández, Siles.
Clave y guía didáctica.
Niveles elemental e **intermedio.**—Fente, Fernández, G. Feijóo, Siles.
Clave y guía didáctica.
Niveles intermedio y **superior.**—Fente, Fernández, Siles.
Clave y guía didáctica.

PROBLEMAS BASICOS DEL ESPAÑOL

El artículo. Sistema y usos.—F. Abad Nebot.
Perífrasis verbales.—Fente, Fernández, G. Feijóo.
Los pronombres.—A. Porto.
El subjuntivo.—J. Fernández.